CAMEROUN, VERS UNE TRANSITION APAISEE

BAZOU BATOULA

CAMEROUN, VERS UNE TRANSITION APAISEE

Préface

Wilfried Ekanga Ekanga

AMIZAPROD

AMIZA PROD AUTO EDITION (bazou.batoula@gmail.com)

www.amizaprod.com

© BAZOU BATOULA
ISBN : 978-2-9601611-2-0
EAN : 9782960161120

PREFACE

L'essai auquel nous avons affaire ici intègre la lignée des œuvres dont la simple lecture du titre dévoile déjà la finalité. "Cameroun, vers une transition apaisée" remet ainsi sur la table, les enjeux de ce qu'on appelle communément " l'après Biya", en d'autres mots, la succession à la magistrature suprême du Président en exercice.

Face à un champion octogénaire au pouvoir depuis trois décennies et aux affaires administratives depuis les années 50, le pays de Ruben Um Nyobé ne semble paradoxalement pas préparé à vivre le changement pourtant inéluctable de son Numéro Un de longue date. Pire, en dépit de légères mouvances d'une opposition émergente, c'est à peine s'il donne l'impression de s'en soucier. Des instances dirigeantes du parti au pouvoir au camerounais lambda, on fait comme si le règne du Prince était éternel. En formule banalisée, on dira que dans la patrie de Roger Milla: "Tout se passe comme si demain n'existait pas".

Tout ou presque, car, à l'instar du présent document, une poignée de camerounais de l'opposition ou même apolitiques s'interroge: Ne court-on pas droit vers le mur quand on omet de prévoir l'alternance et de réfléchir sur les mécanismes indispensables à une passation de services dénuée de trouble?

S'il est vrai que les textes constitutionnels sont relativement clairs sur la démarche à suivre en cas de vacance définitive du Chef de l'Etat, rien n'est moins sûr que la déduction de facto d'une transition douce pour un pays qui depuis 1960, n'en a connu qu'une seule, elle-même parsemée de nombreux contentieux plus ou moins mystérieux (Coup d'Etat manqué du 6 avril 1984, crise électorale de 1992, émeutes de février 2008). Au cœur de l'Afrique et limitrophe de pays habitués aux nombreux tumultes politiques (Tchad, RCA, Congo), le Cameroun est ainsi attendu au tournant.

L'auteur présente à cet effet et sans prétention, ce qui pourrait être une panacée à d'éventuels remous post-Biya. La brillance de l'œuvre réside dans un premier temps dans le découpage objectif qu'il fait des différents ensembles démographiques qui résument le capital humain camerounais. L'importance de cette méthodologie est qu'elle permet, au milieu de la kyrielle d'ethnies que compte le pays, de détacher les principaux foyers de tension éventuels. Partant du principe que le tribalisme est l'un des premiers brasiers dont il faudrait surveiller la température, l'auteur présente par là quatre entités: L'entité au pouvoir, le groupe des Fang-Beti, le groupe du Nord, majoritairement musulman et dont est issu l'ancien Président Amadou Ahidjo, le premier groupe de l'Ouest constitué des Bamilékés et le second groupe de l'Ouest à savoir, l'entité anglophone. Bien que ces grands groupes se subdivisent en milliers de petits échantillons, nul ne saurait nier l'évidence: Le clash politique de l'alternance, violente ou pacifique, se jouera sur ces quatre vents.

Outre l'envergure ethnique, un point fondamental où le Cameroun se devra de garder les pieds fermes - voire de renforcer sa crédibilité - est l'insertion dans le fameux "village planétaire". À l'ère du Verseau et de la mondialisation, les grandes instances internationales exercent envers les micro-États, en particulier ceux en voie de développement, une sorte de droit de regard. Nombre de pays africains deviennent ainsi sujets à des sanctions pour principes éthiques transnationaux non respectés.

On ne saurait prétendre regretter dans l'essai, l'absence de paradigme auto centré qui mettrait ainsi le Cameroun face à son destin pour l'inviter à tenir tête à des lois et règles non-conformes à sa vision éthique. On notera que, sur la question de justice et d'interventionnisme militaire, le présent essai désigne par le terme "humiliation", aussi bien la file de personnalités africaines déportées à la Haye, que l'action des armées occidentales sur le sol continental. C'est avec ironie que l'extérieur est présenté comme organe salvateur, d'où l'intérêt pour un pays, notamment le Cameroun, d'éviter de se retrouver à la merci de ces sauveurs insolites.

En outre, on ne manquera pas de revenir sur l'émancipation du quatrième pouvoir que sont la presse et les médias. Le Cameroun, longtemps à l'image de la Chine communiste de Mao Zedong à parti et à pensée uniques, voit émerger depuis les années 2000, un nouveau créneau d'éditorialistes dynamiques et à la critique ouverte. La prise de parole contestataire des dominés s'installe ainsi comme un moyen de pression grandissant envers les pontes du régime, et menacerait même de rééquilibrer les forces entre le Chef et ses sujets, le Peuple.

En synthèse, l'essai invite le Cameroun à prendre conscience du temps présent, à l'analyser dans le seul but de préparer sous de meilleurs auspices une transition proche qui à priori se s'annonce pas calme.

Wilfried Ekanga Ekanga

INTRODUCTION

Si j'avais eu un cadre de dialogue autre que le circuit de la présente publication, j'aurais été plus à l'aise de le faire. C'aurait pu être le cas lors d'une conférence en monologue ou dialogue qui durerait par exemple 10 heures de temps non stop. Cela m'aurait garanti de communiquer l'émotion empreinte d'instantanéité, d'espoir et de motivation –tout ça mélangé- qui m'amène à finalement accepter de livrer au public – que j'espère averti et indulgent- cette présente réflexion.

Au vu des expériences venues d'autres contrées africaines au moment des transitions politiques[1], il me semble important de participer – via ce petit essai – à éviter à notre cher « Kamerun » les erreurs du passé, et surtout de trouver les éléments de mitigation des risques à venir.

Depuis les luttes d'indépendance, le Cameroun a été sujet à plusieurs turbulences politiques dans le sillage des changements de cap (il y a toujours eu des défenseurs et des pourfendeurs du mode de gestion actuel du pays). Ces turbulences ont laissé naître des conséquences (blessures, occasions manquées, tendance autoritariste, etc.), qui elles mêmes préparaient de nouvelles perturbations pour l'avenir. Les étapes de 1960, de 1972, de 1982, de 1984, de 1991, de 2008[2] peuvent être enrichies suivant des récits liés

---

[1] *Une définition que je m'en fais : Le passage d'un mode, d'un système, d'une conception de la gestion de la cité vers une nouvelle dynamique suffisamment prononcée pour en faire cas de changement.*

[2] *1960-Indépendance sous contestation, 1972-Réunification*

à la volonté de changer ou au refus de changer (par exemple dans la célérité à l'ouverture du jeu démocratique).

Pendant ce temps, ailleurs en Afrique, les choses bougent. Que ce soit avec les récents « Printemps Arabes » ou les bascules politiques venues d'Afrique de l'Ouest, la stabilité est désormais une ressource rare. Or jusqu'à très récemment, le Cameroun s'en vantait presque. « Notre pays est un pays de paix et de stabilité », aimions nous à dire fièrement.

Sous une dynamique d'émergence, dans un dilemme sécuritaire, sous des pressions socio-culturo-économiques, face à des élans de contagion, le Cameroun reste droit dans sa spécificité et sa particularité. En sera-t-il toujours de même dans les dix prochaines années.

Les uns s'accrochent à leurs idées et engagements politiques malgré le contexte mouvant, les autres décrochent. Les uns veulent perpétuer de main de fer une idéologie. D'autres veulent à tout prix la grande lessive. Les uns veulent laver en famille le sale linge. D'autres sont tentés d'inviter le diable s'il le faut à la table du changement. Bref, il y a de quoi être inquiet pour le futur.

Le présent livre s'adresse aux enfants du Cameroun. Il est formulé sous l'hypothèse que la transition politique y a parfois déjà commencé, parfois pas, mais peut ici comme

---

sous troubles maquis, 1982-Alternance au sommet de l'Etat, 1984-Tentative de push, 1991-Années dites de « braises », 2008-Emeutes de la faim sous fond d'accusations politiques.

ailleurs déboucher sur le meilleur comme sur le pire. C'est en réalité ce dernier scénario extrême qui me sert de fil conducteur. Ce document se structure en 14 thématiques à priori indépendantes les unes des autres. J'estime qu'elles concentrent sur elles l'essentiel, sinon le gros des questions intéressantes à évoquer dans la gestion optimale de la transition à venir. Ces écrits jettent aussi des pistes d'un débat plus ouvert, plus profond et certainement plus légitime sur la gestion de ladite transition, dans l'intérêt principal du Cameroun. Tel est en tout cas mon souhait. Invitons-nous à la table de la Transition.

Bonne lecture

L'ENJEU TRIBAL

Malgré la gêne, les tabous et même la façon dont mes écrits pourraient être interprétés, je me sens obligé d'en parler. Sans vouloir réduire ce point à la question tribale, il se trouve que celle-ci a intégré nos réalités sociales et sociétales au point de prendre place à la table des critères objectifs cette fois-ci de décision ou de sélection. Le Camerounais est assez sensible à sa filiation ethnique dès lors que celle-ci est confrontée à l'altérité sociale. Pas qu'il se plaît à s'y confronter, mais il est plutôt sujet à un complexe venu d'on ne sait où. Il faut bien qu'un jour, cette question tabou tombe pour faire place à l'entièreté des citoyens au sein d'un espace soit disant républicain. Y parviendrons-nous ?

sélection. La question de l'alternance du pouvoir au Cameroun peut aussi se poser en : « Quelle est l'ethnie qui prendra le pouvoir après Mr. Barthelemy »[3]. Et

---

[3] *On peut trouver cette question fallacieuse ou de basse*

ouvertement, les langues se sont un petit peu déliées, sans trop faire de surenchère. La réalité de cette question ne se trouve pas dans le vécu des différents groupes ethniques de nos jours, mais bien dans l'histoire des luttes d'indépendance. Or si l'on remet sur le tapis tout le décor de cette lutte, on aura entre nos mains des éléments concrets sur lesquels travailler. Les questions liées à la lutte trouveraient solutions, qu'une bonne partie des « velléités tribalistes » s'en trouverait jugulée. Question 1 : Pourquoi les gens se sont ils battus ? Question 2 : Comment la sortie de crise a-t-elle été gérée ? En tranchant ces questions, on verra d'où provient une partie des frustrations et vers quelles directions va l'affectation des responsabilités. A la suite de plusieurs ainés, je me lance en disant que la question du tribalisme sera mieux gérée lorsqu'on fera une marche en arrière sur les conséquences de la gestion des luttes d'indépendance et en remontant leurs origines. Des personnes ou groupes de personnes peuvent être affectés à cette tâche. Cette question a crée par exemple chez un certain groupe (abuserai je en citant les Bassa & Bamilékés) le sentiment d'être rejeté. Ce groupe comme lors des rafles et du maquis s'est renfermé sur lui-même et a décidé de vivre de manière rebellée ou « à part ». Telle est mon observation. Cette question a rendu tabou le mot « ethnie », notamment dans le sens de sa sensibilité aigue. Elle a fait de plusieurs des coincés (voire des complexés) par rapport aux normaux. En observant le mode d'opération qu'utilisait souvent le colon

---

besogne, mais en observant ce qui se dit dans les maisons, par des individus jugés responsables, on n'en est pas si loin.

dans d'autres pays, on comprend bien que le choix n'était pas hasardeux. En lisant quelques lignes sur l'histoire ethnique au Rwanda[4], c'est carrément pareil. « Tiens le pouvoir, toi, tu es mieux que ton frère ». Pendant ce temps celui qui vous l'a mis dans la main est en train de vous diviser radicalement. Le rôle de l'Eglise dans ce mouvement sociologique y est aussi pour beaucoup, malgré le syncrétisme ambiant.

Ainsi, une transition apaisée suppose donc la prise en compte de l'enjeu tribal. Elle n'y échappera à personne. En fonction du positionnement que l'on se fait, en fonction de sa proximité avec le bourreau ou avec la victime, les faits sont cités, voire répétés, d'autres sont carrément oubliés ou esquivés.

Voici un peu de manière simpliste ce que contiennent à ce propos les cerveaux de groupes ethniques au Cameroun. Déjà, découpons le périmètre en 4 composants homogènes

---

[4] *Rwanda : J'ai bien aimé la lecture légère qu'Amnesty International / Belgique en avait fait pour démonter les idées reçues. Voici une référence dans son archive 2708 citant l'historien Gerard Prunier « The Rwanda Crisis, History of a Genocide » : « ...Considérant les Tutsis, sur base d'indices anthropométriques, comme plus proches des Européens, le colonisateur belge s'est reposé sur cette « minorité supérieure » pour administrer le territoire rwandais, lui réservant l'exclusivité des postes à responsabilité....Année 1930, les belges procèdent à des recensements. Les rwandais sont invités à déclarer le groupe auquel ils appartiennent. Les statistiques donnent les chiffres suivants : 85% de Hutus, 14% de Tutsis et 1% de Twas. Ce fichage ethnique allait couler le béton de la partition de la société.... avec les conséquences que l'on connait. »*

(c'est le découpage que j'en fais). Le groupe 1 contient « ceux qui ont le pouvoir depuis disons 20 ans ». Il renferme majoritairement ceux qui dirigent l'appareil administratif, judiciaire, militaro-sécuritaire, diplomatique, ainsi que les grands chantiers de l'Etat. Le groupe 2 contient « ceux qui ont perdu ce pouvoir ». Il fait référence à l'équipe de l'ancien dirigeant du Cameroun qui en 25 ans avait su utiliser au moins les 10 dernières pour positionner le grand nord du Cameroun comme groupe de « puissants ». Ensuite, il y a le groupe 3 qui se compose des anciens maquisards et leurs amis. Ce groupe est fortement représenté dans le milieu des affaires au Cameroun et fortement sous-représenté dans tous les autres. Le groupe 4 est celui du monde anglophone, pris comme spécificité homogène quant à sa langue d'administration, l'Anglais.

Aujourd'hui, le groupe 1 est considéré comme groupe fort, groupe qui dirige et qui devra en 2018 d'après les textes remettre en jeu sa ceinture de champion. Mais cette date nous paraît délicate car le patriarche Mr. Barthelemy aura alors 86 ans. Plus que jamais, les uns et les autres sont conscients de la fatigue somatique qu'un tel âge va engendrer. Ce n'est donc pas à cette date que va se poser la question de son remplacement, mais elle s'est déjà posée, et elle continue à se poser. Ce sera de plus en plus chaud à l'approche de cette date. Restons sous l'angle ethnique. On se demande donc si ce groupe 1 va pouvoir se renouveler et se succéder à lui-même ? Ou bien qui des trois autres groupes va pouvoir atterrir à Etoudi ? Vu sous cet angle, la question que je me fais est simple. Quel groupe pourra bousculer le groupe 1 sans avoir à se faire reprendre sur les mêmes considérations ethniquement fâcheuses adressées à ce groupe 1 ? En réalité, je n'en vois pas du tout. Au fil des années de règne du groupe 1, un travail vaste a été entrepris pour justement qu'aucun autre groupe ne puisse le challenger. Sans donc pouvoir se poser ou s'imposer, les gens ont fini par s'opposer. Ainsi, chacun a sa petite idée désormais sur « quelle ethnie ne doit pas prendre le pouvoir ». Et chacun est même à l'aise d'avec cette question. Voilà comment la hantise de la question tribale viendra encore tétaniser une période cruciale dans le devenir de notre Nation.

Pour extirper cette hantise, il est important d'identifier les marqueurs des craintes et des peurs, d'en percevoir les foyers de naissances, et ainsi de traiter par après en connaissance de cause. Comme annoncé ci-haut, le grand foyer du tribalisme au Cameroun est à chercher dans le dossier de lutte d'indépendance. Or il se trouve que ce dossier n'a jamais vraiment été liquidé. Pourtant son contenu a laissé sur le carreau certains, identifiés comme des traitres, d'autres comme des envahisseurs, d'autres comme des opportunistes, d'autres encore comme des poltrons, d'autres comme des collabos, d'autres comme des complexés, des hypocrites, etc.

C'est à la suite de cette période des luttes que chaque grande ethnie au Cameroun a, via un tour de magie et je ne sais de qui, reçu son petit « attribut gênant ». Avec le temps, cet attribut gênant a fait son chemin et s'est ancré dans la tête des gens sensibles aux attributions qui in fine restent subjectives, mais importantes vu que la passion est vite atteinte et la tension qui va avec aussi. On sait sur quoi cela peut déboucher (l'exemple du Rwanda nous parle).

Sans complexe aucun, il faudra bel et bien aborder cette question à des fins de pansements de plaie, de tolérance, d'apaisement mais surtout à des fins pédagogiques. Il est aussi primordial de définir clairement une feuille de route afin de casser le foyer principal.

Je ne vois aucun mal à ce que la reconnaissance des peuples des pays Bassa, Bamiléké (loin de moi l'idée d'ostraciser, mais c'est ces deux peuples là qui sont souvent cités) et autres dans la lutte pour l'indépendance du Cameroun soit actée et vanter quitte à ce que leur combat pour cette reconnaissante s'il en existait un soit ainsi liquidé pour que l'on puisse passer à autre chose. Cela leur permettrait dignement de faire leur deuil et laver ainsi de manière définitive l'affront qu'ils auraient avec l'organe dirigeant sur cette question-là.

Je ne vois aucun mal à ce que l'exode des peuples envahisseurs (le commun des Camerounais les reconnait à ce terme) venus de l'Ouest-Cameroun soit redessiné et archivé pour expliquer aux autres Camerounais le pourquoi du comment. Cela permettra déjà d'indiquer l'obligation d'allégeance de l'allogène à l'autochtone, d'indiquer la grâce de l'accueil de l'un à l'autre, mais aussi de remettre la place de la contribution de l'allogène dans l'émulation de l'autochtone. Cela pourrait même s'évaluer en termes de point de PIB (Produit Intérieur Brut, une façon simple de dire création supplémentaire des richesses dans l'économie). Mais le plus grand effet serait d'ôter ce complexe d'envahisseur que traîne le Bamiléké par exemple avec lui.

Je ne vois aucun mal à ce que l'on remette au goût du jour le rôle joué par le colon de l'époque dans « l'inter-détestation » des Camerounais entre eux. Cela enlèverait d'une certaine façon un degré de culpabilisation encore insérée dans les esprits des uns et des autres. Pourquoi les Camerounais devraient ils porter le fardeau du colon à sa place ?

Le temps du tribalisme n'a que trop perduré et celui-ci s'est malheureusement inscrit sous palette douce dans les codes administratifs, mais en créant encore d'autres problèmes complexes. Exemple : Le fait d'appliquer l'Equilibre Régional dans tout ce qui revêt de l'administration publique est une dynamique cohérente dans un Etat cohérent et distributif pour tous. Mais lors de l'application de ce principe, on se demande très vite à quoi servait donc le principe lui-même. Du moment où rien n'est prévu pour « calmer » les frustrés méritants, on se verse dans un nouveau problème qui réfère encore au tribalisme.

Voici quelques clés pour sortir de manière décomplexée de cette donne au moment de la transition. Au vu des forces en capacités, je crois que le groupe 3 peut prendre sur lui la patate chaude afin d'apaiser le débat tribal. Pourquoi je le choisis lui, parce qu'il fait le plus « peur » et est très souvent le plus « indexé » comme victime de la tribalisation au Cameroun. Par contre, c'est le groupe qui a le moins été exposé dans la chose publique (de toute façon en déliquescence). Donc il pourrait à mon avis jouer le rôle de « fusible tribal » lors de la transition. En plus il ne pourra pas dire qu'il n'a pas les moyens de faire cet effort. Il peut lui être gratifié en retour une reconnaissance symbolique pour ce rôle ingrat.

De plus, je crois qu'il est important que le groupe 1 reconnaisse sa part dans la déliquescence de la chose publique qu'il a eu à chapeauter pendant longtemps, et surtout qu'il fasse profil bas pour donner la place aux autres, c'est-à-dire encore à lui-même, mais sans être seul dans l'aventure. Ceci aura pour corollaire le détournement de la chose publique et la frustration de la jeunesse de ce groupe 1. En 20 ans, on a compris que papa avait tous les droits de positionner tous les fils. Il se trouve que la transition risque de tout remettre en cause. Ce ne serait que de l'anticipation intelligente que les parents castes du groupe 1, préparent leur progéniture à autre chose que l'entrée dans la caste. Autrement, cela risquerait de créer un choc chez les jeunes loups du groupe 1, et ceux-ci développeraient le même complexe accusatoire lié aux actes de leurs parents, et adopteraient des positions d'expression à leur goût, mais anti productives pour l'intérêt de la cohésion recherchée. De fait, l'idée d'un « ré équilibre tribal » (énoncé par exemple par le camp de Mr. Ouattara[5] en Côte d'ivoire) sera de mise. Car s'il est avéré que sous l'angle tribal, il existe une représentativité disproportionnée du groupe 1 dans la gestion des affaires

---

[5] *Attention : J'évoque ici le principe, sans pour autant valider ni l'applicabilité, ni la réussite du projet.*

publiques, inverser cette disproportion aura fatalement pour corollaire d'évincer plusieurs cadres du groupe 1 de l'administration au profit d'autres groupes qui estimeraient que leur tour serait aussi arrivé. Or si l'on n'anticipe pas cette dynamique de remplacement de fait, cela va créer une sorte de cercle vicieux d'équilibrage tribal.

L'élévation mentale, intellectuelle, traditionnelle, spirituelle et surtout citoyenne invite à se souvenir que celui à qui tout le monde réfère, à savoir le Cameroun est en fait une République. Elle n'est pas Fédérale. C'est une République tout court. Cela exige une fluidité saine et libre du rapport entre le citoyen et l'Etat. Tel est le deal. Lorsque cette vision est plaquée et en même temps dilapidée par des virages communautaro-ethno-tribaux, on entre dans un jeu à passion et à fantasme. A ce genre de jeux, la raison et le bon sens se trouvent très souvent menacés. Qui prendrait ce risque ? Vivement que le complexe tribal tombe. Vivement que la naïveté tribale tombe. Place à la réelle lecture et application du jargon républicain.

UN PAYS OUVERT SUR LE MONDE

Le Cameroun n'est pas un pays fermé, au contraire, il porte avec lui beaucoup d'invités. Le Monde l'observe. S'accordera t-il le luxe de le décevoir ?

Lorsqu'un pays s'inscrit dans la communauté des nations, il participe des lois et règles liées à la majorité mondiale. En retour, il prête aussi le flanc lorsque le monde le trouve désormais incompréhensible ou incontournable. Cela vaut pour les droits de l'homme par exemple. Cela vaut pour les trafics illégaux par exemple.

Lors des périodes de transition politique, un niveau supérieur d'attention est porté sur les pays concernés comme pour apprécier si oui ou non il est en phase avec la charte mondiale. Le Cameroun n'échappera pas à cette configuration.

La dynamique actuelle est à l'endettement de l'Etat pour booster l'investissement dans les grands travaux. Il n'échappe à personne qu'à part les accords de gré à gré avec la Chine par exemple, l'Etat entretient toujours un fort lien avec plusieurs organismes financiers internationaux dont les échéances ne seront pas modifiées pour fait de transition. Ah que non ! Il est plus qu'indispensable de rassurer les Marchés à cet effet.

Il s'agit ici de les rassurer sur le fait que la transition au Cameroun n'est pas la « fin du pays » malgré tous les soubresauts auxquels celui-ci peut être exposé. Cette place internationale du Cameroun est un atout qui peut être remis en cause par les dérives nées d'une transition manquée par exemple. Lorsqu'une transition tourne mal et que les troubles apparaissent, la première chose que subit le pays, c'est la montée du « risque pays » à sa cotation la plus élevée. Du coup, le prix de l'argent dont ce pays a besoin devient fatalement plus élevé. Voilà qu'il devient pénible pour l'économie du pays en question de garder certains équilibres financiers. Or beaucoup de décisions au niveau international se prennent sur base de ces équilibres là. D'où la difficulté à tenir face notamment au service de la dette, ce qui met le pays en question dans une situation critique au niveau des bailleurs de fonds et autres créanciers. Ceux-ci se posent en position légitime d'appliquer les termes liés aux accords de prêts par exemple. Voilà parfois pourquoi l'on peut apprendre que l'on a saisi les avoirs d'un pays X ou Y, ou encore que l'on a immobilisé des avions d'une compagnie nationale qui n'arrivait plus à respecter ses engagements. Je signale juste ici qu'il s'agit d'un danger qui guette tout pays qui s'amuserait à mal gérer sa transition. Comment donc rassurer les marchés ? C'est aux responsables de la transition d'en apporter conclusions.

A part les marchés financiers, le système des droits de l'homme nous guette. Au vu de la récurrence des brutalités auxquelles se sont déjà habitués les groupes d'opinions, les organismes, les leaders d'Afrique par le passé, il est légitime pour certains – ça dépend de quel bord l'on se trouve -, que les prisons de la Cour Pénale Internationale soient remplies d'Africains. Même après plusieurs années, c'est avec humiliation que les Africains ont observé la marche des leaders d'opinion du Continent vers ces geôles situées à Den Hague (La Haye). Ceci évidemment pour dire aux acteurs impliqués dans la transition, que la façon de la piloter peut à un moment ou un autre être retenue dans des chefs d'accusation en leur défaveur.

Toujours dans le registre des humiliations que subissent certains pays au sein desquels la transition a dérapé, ceux-ci ayant bien entendu « offert » eux-mêmes le fouet pour leur châtiment, il me vient à l'esprit la question de l'embargo. De ce fait, la communauté internationale décidera à un moment de l'interdiction de vente d'armes, de transactions financières, d'importations des denrées avec le pays visé. Des fois, la sécurité du pays en question est simplement mise sous tutelle au profit soit d'une force d'interposition dans le meilleur des cas. Pis, c'est carrément l'occupation par une armée étrangère pour en « assurer la sécurité ». Ainsi sur la durée, toute la structure stratégique du pays humilié se retrouve entre les mains des forces étrangères. Des années en arrière, n'oublions pas que notre pays a bien signé les accords qui l'exposent à ce type de scénario extrême.

Lorsqu'un pays qui a mal géré sa transition se retrouve dans de graves situations de trouble, les forces étrangères qui viennent pour « arrêter » les massacres n'hésitent pas à en profiter pour assurer leurs intérêts au passage. Dans quel sens ? Imaginez qu'en Lybie par exemple, il y avait dans la partie désertique de grandes constructions pour l'approvisionnement en eau, question de développer à l'avenir une agriculture en milieu aride. Il a été bizarre de constater que les avions qui bombardaient les armes du Guide n'aient pas oublié de détruire au maximum ces énormes chantiers et bâtisses. Du coup, même s'il faut reconstruire ces édifices, on repart sur de nouveaux financements. Quel gâchis !

Sous un autre angle, on sait bien que les troubles liés aux périodes de transition constituent aussi de bonnes opportunités pour distraire les richesses d'un pays. Cela se passe sous plusieurs auspices. De l'argent cash se retrouve en train de sortir à une vitesse incontrôlée par des gros galons qui estiment qu'il sera mieux sécurisé ailleurs, ou simplement par des véritables brigands protégés. Il paraît qu'après le holdup de la BCEAO à Bouaké[6], personne n'est en mesure de chiffrer la quantité de billets de banque

---

[6] *Le 24/09/2002, un groupe armé attaque la succursale de la Banque Centrale des Etats de l'Afrique de l'Ouest (BCEAO) à Bouaké, deuxième ville de Côte d'Ivoire située dans la Nord. Aujourd'hui, l'enquête suit toujours son cours. On estime sans précision à près de 20 milliards de CFA le cash emporté.*

qui se sont envolés pour l'on ne sait où. C'est aussi le cas en Lybie avec la récurrence des arrestations de tanks qui sortent du pétrole clandestinement pour l'on ne sait où. C'est le cas du Diamant de la République Centrafricaine (RCA) qui se retrouvait subitement un peu partout dans les pays limitrophes et cela constitue un grave manque à gagner pour les caisses de l'Etat.

L'internationalisation du Cameroun traite aussi de son caractère de « terre d'accueil ». Il y a au moins 2 grandes bases d'accueil des réfugiés au Cameroun. Au nord où la plupart d'entre eux provient du Nigeria, ensuite dans la partie Est où plusieurs viennent de la RCA. Le Cameroun abrite aussi des expatriés venus des pays d'Asie, d'Europe, du Maghreb et d'Afrique noire. Tout ceci participe d'une vie à la multi culturalité. Ce qui en fait aussi son charme. Ces étrangers contribuent aussi à la consistance de notre PIB, car ils y font du business. Il est dès lors important de considérer les positions de ces pays comme un acquis.

Cette ouverture sur le monde suppose aussi de considérer que des camerounais sont établis ailleurs, et y ont des intérêts. Et que les pays d'accueil des camerounais sont évidemment attentifs au traitement que notre pays accorde à leurs ressortissants.

Il faut donc noter que le Cameroun n'est pas un pays fermé. Oh que non ! Si on observe bien les destinations des grandes compagnies aériennes sur l'Afrique noire, la plupart d'entre elles desservent généralement une seule ville dans ces pays. Mais au Cameroun, on note bien que deux villes sont desservies, ce depuis fort longtemps. Ça veut quand même dire qu'il y a un mouvement local accolé à l'international, notamment l'Europe, l'Amérique et l'Asie. Donc, on peut dire sans se tromper que les Camerounais voyagent.

Les acteurs de la transition devront bien intégrer les enjeux à considérer du simple fait de l'internationalisation de notre pays.

TEXTE 3

L'EXIGENCE INTERIEURE CROISSANTE

Les langues se lâchent de plus en plus au Cameroun. Certains règlent leurs comptes, d'autres se positionnent. Dans l'ensemble, le citoyen montre bien son insatisfaction et en réclame davantage. Jusqu'où peut-il aller ?

Si l'on compare le degré, la fréquence, la récurrence de la prise de parole contestataire au Cameroun entre 1990, 2000, 2010, et 2015, on peut sur le fil de cette évolution observer simplement que la parole se libère et qu'elle devient « rude ». Évidemment qu'on ne se trompe pas à l'endroit de vers qui cette rigidité s'oriente – le Régime en tout temps ayant été le même -. Est-ce un marqueur cohérent traduisant une demande de comptes du Peuple vis–à-vis des dirigeants ? Ou est-ce une donnée normale intrinsèque à l'évolution de tout Peuple longtemps dirigé par le même système ? Est-ce encore une vue de l'esprit marquée en filigrane par le jeu de la manipulation ou du piège ?

Quelle qu'en soit la posture des revendicateurs, on note au Cameroun une gradation continue des exigences des gouvernés par rapport à ceux qui les gouvernent. Tous les corps de métiers « oubliés » (enseignement, personnel de santé, artisanat, agriculteurs, entrepreneurs, etc….) se retrouvent plongés dans cet état de fait.

Prenons l'exemple de la confrérie des journalistes. On a longtemps décrié le Cameroun – et on continue d'ailleurs – comme un Etat qui torturait ses journalistes. On pouvait y voir un paysage audiovisuel contrôlé de fond en comble par l'Etat, menant ainsi les journalistes à une ligne de réflexion unique, à des angles d'analyses dictés par les autorités. Mais le suivi de l'évolution de cette corporation laisse clairement à penser qu'en interne, un refus catégorique est indiqué dans le suivi d'une seule ligne éditoriale. C'est ainsi qu'on peut identifier des organes de presse dits proches du pouvoir, mais aussi d'autres qui lui sont clairement opposés. Les affaires traitées dans ces journaux par exemple ou lors des débats télé ressemblent parfois à de véritables tribunaux en direct. Les journalistes ne s'offusquent plus d'appeler le chat par son nom. Les invités de plateaux ne tremblent plus lorsqu'il faut nommer les contemporains et les livrer – par naïveté peut être – à la vindicte populaire, au moins des auditeurs. Les fonds des dossiers sont retournés, et on ne sait plus s'il faut avoir peur de l'investigation des journalistes ou bien s'il faut s'y conformer. De l'autre sens, les répliques qui arrivent du Pouvoir dirigeant à l'encontre des journalistes montrent parfois bien que la guerre est déclarée entre ces deux grands corps. Les uns voulant – soit disant – découvrir la vérité, les autres – c'est de bonne guerre – s'activant à la cacher.

Lorsque le feuilleton FECAFOOT commençait au Cameroun en 2011, on avait bien compris qu'une bombe était lâchée. Malgré tout ce que les instances dirigeantes ont pu et dû faire pour reprendre la main, on peut quand même dire qu'ils ont souffert, car ont passé de longs mois sans aucune assurance de ce que le lendemain leur réserverait. A une allégation du Capitaine de l'Equipe nationale de football de l'époque en grande pompe et sans complexe, suivait directement une autre réplique du camp adverse pour ainsi laver l'affront[7]. Chez les abonnés Camerounais du football, les encadreurs, les joueurs locaux, les dirigeants, les sponsors et autres contributeurs, tous étaient à peu près d'accord qu'il fallait créer une nouvelle atmosphère à la FECAFOOT. Donc tous exigeaient une nouvelle ère. Peut on dire que cette nouvelle ère a vu le jour ? Là n'est pas notre intérêt, mais bien le parcours de la problématique en terme de « le cocotier FECAFOOT a été secoué ». C'est la capacité des passifs d'hier à décider que les lignes aujourd'hui

---

[7] *On se souvient tous de l'épisode débuté par le refus de Samuel Eto'o et de ses coéquipiers de jouer un match amical contre l'Algérie. En Décembre 2011, l'histoire l'a dirigé vers les plateaux de télé (Canal 2 International) où le linge sale quittait définitivement le cadre familial. La réplique sur ces mêmes plateaux fût donnée 48h après notamment par le SG de la Fecafoot Tombi Sidiki de l'époque. Tellement la plaie était ouverte !*

bougeront. C'est cette capacité à le faire, à faire reculer les dirigeants d'aujourd'hui qui nous intéresse. Cela démontre bel et bien que le monde du Football au Cameroun a exigé plus. Dans le passé, pas grand monde ne se gênait pour soutenir une action de frustration – comme le cas des joueuses pour une affaire de primes non payées -. Mais de plus en plus, les individus qui ont droit au chapitre de la parole n'hésitent pas à entrer en scène pour prendre ouvertement position lorsqu'ils estiment qu'une goutte d'eau a débordé le vase[8]. Au Cameroun, il s'agit là d'une nouveauté, car, hier, ces prises de position avaient simplement disparu.

L'actualité nous avait révélé que des troupes de soldats Camerounais partis se battre pour le compte de la Monusca en RCA avaient réclamé le paiement illico presto de leurs arriérés de primes[9]. Quelques heures après ce que l'on qualifiait d'incident, l'ordre fut donné depuis le haut

---

[8] *Les Lionnes Indomptables de Football à leur retour en héroïnes du Canada (Coupe du Monde 2015) avaient refusé de quitter l'hôtel qui les accueillait tant que l'intégralité de leurs primes ne leur serait pas versée. Les Lionnes Indomptables de Basketball (médaillées d'argent à la Coupe d'Afrique de Basket Yaoundé 2015) avaient eu le même comportement pour espérer avoir leurs primes versées en intégralité. Les médias et la web sphère avaient relayé le combat. Certaines personnalités comme Roger Milla avaient pris position aux côtés des sportives.*
[9] *Plus de 200 soldats du contingent camerounais de la force Mission Internationale de Soutien à la Centrafrique (Minusca) avaient revendiqué en Septembre 2015 au Quartier Militaire et devant l'Assemblée Nationale l'équivalent de 8 mois d'arriérés de soldes.*

lieu de régler sans rechigner ces soldes aux militaires concernés. La vitesse avec laquelle les mesures furent prises éveille tout de même sur la nature du rapport actuel entre les commandants et les commandés. Car, même au sein de l'Armée, ceci est une nouveauté d'abord de revendiquer jusqu'à ce point de la hiérarchie, mais surtout d'obtenir le fruit de sa revendication légitime illico presto. Est-ce le fait du statut particulier des revendicateurs ? C'est bien possible. Est-ce parce que leur mission reflète un pan délicat de la structure salutaire du pouvoir en place ? Cela est aussi possible. Tout compte fait, il est clair que ce cas fait jurisprudence au sein de ce corps.

Il a bien fallu il y a quelques années[10] qu'une très large grève naisse au sein des universités au Cameroun pour que le Pouvoir en place avance de plusieurs traits sur les dossiers brûlants des statuts des enseignants, ainsi que de ceux des étudiants. Plusieurs étudiants ont d'ailleurs perdu de beaucoup dans ces périodes chaudes. Mais l'ampleur du ralliement était tel que le Pouvoir en place n'avait pas d'autres choix que d'apporter une solution à ces problématiques. De nos jours, on peut dire sans se tromper que les quelques considérations qu'ont les différents gradés dans l'enseignement supérieur par exemple, naissent objectivement de cette période de revendication-là.

---

[10] *En Avril 2005, une grève généralisée des milieux universitaires camerounais (étudiants & enseignants) secouait le Cameroun. Elle portait principalement sur l'amélioration de la qualité de ce système.*

Que dire des groupes autrefois appelés à disparaître, mais qui aujourd'hui ont imposé ou exigés leur présence dans l'échiquier social qui compte désormais au Cameroun. Un nouvel mode de transport urbain – les mototaxis – avait envahi une ville comme Douala que cela était encore tolérable. Mais son apparition rapide dans la capitale Yaoundé a d'abord fait l'écho d'un rejet si l'on s'en tient au discours du chef de l'Etat qui semblait tancer cette profession – oui ça en est de force une -, mais le discours du même Chef de l'Etat au sujet de cette même profession indiquait récemment de manière subtile que les « mototaximens » avaient remporté leur combat pour la reconnaissance de leur profession et se positionnaient ainsi comme de « grands amis du Chef de l'Etat ». Ils avaient ainsi exigé une posture qu'ils ont finie au moins en partie par obtenir.

A tous les étages de la vie sociale et dans tous les milieux, la pression se ressent. Les traitements salariaux, les comportements alimentaires, la qualité des soins de santé, le niveau de sécurité, tout cela se compare désormais et fait l'objet du « on veut plus ». Les gens veulent s'exprimer, au mieux, exprimer leur potentiel et ils ne se gênent plus à le clamer.

Il est donc évident qu'au Cameroun, les revendications opportunes ou profondes se formulent progressivement. L'exigence des corps de métier d'hier se veut de plus en plus aigüe et les dirigeants le ressentent bien. Leurs réponses sont de plus en plus calculées, en tout cas, ne se veulent plus radicales comme ça aurait pu être le cas dans les périodes passées. Il se peut que le contexte mondial veuille que des leçons sur la répression et ses conséquences négatives soient prises en compte par ceux qui avaient l'habitude de réprimer. Il se peut que les outils de répression ne soient plus à mesure de porter avec la même fougue leur efficacité. Les temps changent donc, le vent tourne apparemment en faveur du droit à exiger beaucoup plus de ses dirigeants, notamment lorsqu'on est descendu à un point de bassesse. Oui au Cameroun, la Nation devient de plus en plus revendicatrice. Jusqu'où culminera l'ascension ?

LA PRESSION EXTERIEURE QUI MONTE

Une bonne ligne des publications françaises sur le Cameroun vise clairement le Régime de Yaoundé. On dirait que le Cameroun a frustré son principal partenaire. Sur qui compte-t-il donc ?

A côté d'une exigence intérieure croissante, le pays de Martin Paul Samba fait aussi face à des pressions extérieures sans précédent. Comme j'ai l'habitude de dire, ce pays est sûrement situé sur la route des autres. Ces autres, dans leurs démarches d'expansion et de défense de leurs intérêts, voire simplement de maîtrise de leurs zones d'influence, ces autres-là ont l'Afrique dans leur ligne de mire, ont le Cameroun dans leur carte stratégique. Du coup, ce simple pays, ce pauvre pays, ce petit pays apparait comme une cartouche que plusieurs puissances ou plusieurs supra-organisations voudraient bien insérer dans leur fusil. Chacun est attentif à l'évolution de la marche camerounaise vers l'alternance. Surtout du

33

moment où les eaux des « chasses gardées » deviennent très troubles.

En terme d'intérêts au sens économique du terme, il n'est pas nouveau de dire que l'Hexagone se taille sans doute la part du lion au Cameroun[11]. Ceci est vrai pour pratiquement l'ensemble de ce que l'on peut appeler ses anciennes colonies. La France est en effet au vu de l'histoire la « maman » du Cameroun, mieux la puissance légitimatrice des tournures politiques au Cameroun, en ce, y compris pour ce qui est des questions de longévité au pouvoir du dirigeant actuel. Via cette porte d'entrée, elle a su placer ses entreprises filles comme éléments structurels dans la vie économique. Avec ses banques & assurances, sa brasserie, sa compagnie aérienne, son chemin de fer, son pétrole, ses produits manufacturés venant de France, ses plantations, sa banane, son bois, ses BTP, ses mines, etc.… la France domine clairement l'échiquier entrepreneurial privé au Cameroun, du moins lorsqu'on ne parle pas des miettes. A côté, elle a su institutionnaliser un système bancaire et monétaire qui est de toute façon in fine sous son contrôle. Elle y a au moins un droit de véto. (Cf. géographie des décisions à la Banques des Etats de l'Afrique Centrale et Cf. le franc CFA). La France y est

---

[11] *En 2014, la présence économique française au Cameroun se lie au travers de près de 200 filiales d'entreprises dans des secteurs aussi juteux que sont : Telecom, Banque & Assurance, Chemin de Fer, Energie, Transport & Logistique, Foresterie, Agrobusiness, Brasseries, Cimenterie, BTP, Grande Distribution, etc. Dans chacun de ces secteurs, ils sont toujours dans le haut du tableau à défaut d'avoir le monopole ou quasi monopole.*

restée aussi un très fort partenaire militaire, médical et académique. L'élite Camerounaise continue encore pour la plupart d'y aller se former. Cette même élite continue toujours d'y aller pour se faire soigner. Fort de ces arguments, on peut dire qu'il est de l'intérêt de la France qu'une quelconque Alternance au Cameroun se dessine dans le sens des prévisions et des souhaits des chefs d'entreprises français qui y opèrent, donc de la France.

Dans ce sens, les pilotes politiques françafricains se voient le droit de dire comment l'alternance au Cameroun va s'effectuer. Ils auraient même déjà misé sur quelques têtes qui, pour certains, sont malheureusement actuellement en train de purger une peine de prison au compartiment VIP de la prison centrale de Yaoundé. Soudainement, la France fait donc pression pour que ses prévisions à elle soient de mise. Car si c'est le cas, elle n'aurait qu'à dérouler tout l'arsenal politico-économique bien pensé et dont la mise en œuvre ne dépend que d'un OK. Le ton des publications d'un journal comme le Monde sur la gestion du pouvoir au Cameroun apparaît comme une fatwa désormais lancée à l'encontre d'un président Camerounais qui ne leur facilite visiblement pas la tâche dans ce diktat de « qui sera le prochain dirigeant ». Pis, les grands projets qui s'effectuent au Cameroun ces derniers temps n'offrent pas à leur goût d'énormes opportunités pour l'ancienne puissance coloniale. Le fait est que des alternatives ont été trouvées ailleurs, ceci au grand dam de la Métropole. Voilà donc qu'une pression est mise sur le Cameroun par la France pour rappeler au premier que le second l'a dans sa ligne de mire.

On peut à raison indiquer que la super présence au Cameroun de la France comme de la Chine notamment dans le canal de l'Investissement / Financement pour les grands travaux est une forme de pression. En effet, plus de la moitié de la dette extérieure du Cameroun porte le cachet de ces puissances. Les rapports entre pays n'étant faits que d'intérêts, on peut donc dire qu'en plus de la France (chasse gardée), le Cameroun intéresse la Chine. L'alternance va donc de facto intégrer côté chinois cette donne. Souhaite-t-elle rapidement finaliser certains gros contrats ? Difficile de le savoir. Toujours est-il que la grandeur de ses ambitions ne saurait prendre fin au Cameroun sous prétexte d'une alternance. Dans le sillage de la transition justement, la Grande Chine ne saurait rester en retrait, car elle s'évertuera objectivement à défendre ses intérêts.

Plusieurs autres pays (à part le Nigeria) ont entamé une coopération économique forte avec le Cameroun. On peut ainsi citer l'Inde, le Brésil, Israël, le Maroc, la Turquie, la Corée, le Vietnam, et même la Russie. Chacun de ces pays-là se battra pour garder de façon cohérente ses intérêts sur le plateau d'une éventuelle transition au Cameroun.

Cette pression extérieure provient aussi des structures partenaires comme la « Communauté Internationale ». L'ONU par exemple a bien sa petite idée sur comment elle souhaite qu'il y ait transition au Cameroun. Les différents organes comme le CRISIS GROUP ont bien émis des publications évoquant par exemple leurs craintes quant à la sécurité intérieure sur un Cameroun après le régime politique actuel. Ce genre de publication n'est pas anodin dans ce sens où cela suppose que les actions de prévention ou d'anticipation soient mises sur pied pour orienter cette transition dans le sens que voudraient ceux qui accordent du crédit à CRISIS GROUP.

Sous un autre angle, de puissants organismes comme le FMI ou la Banque Mondiale ont leur petite idée sur la trajectoire que prendrait le Cameroun lorsque la roue va tourner. Dans le ciblage des opportunités de financement pour lesquelles elles ont déjà de l'expérience, il est normal que ces institutions se positionnent suivant le sens de leurs intérêts.

Ces différents groupes, dans leur souci de tirer les ficelles font ainsi de facto du Cameroun un théâtre pour leurs affrontements. Ce qui met une pression en plus sur le processus de transition à venir.

Pis, certains ont vu dans les problèmes de sécurité que traverse le Cameroun, notamment à l'Extrême Nord la main des puissances et groupes de pression extérieurs avec pour motif que cela servirait à fragiliser le pouvoir à Yaoundé et qu'il aurait ainsi été facile de mettre l'alternance sur la balance et précipiter le départ du patron actuel ou au moins intégrer la grande table de décision en ramenant autant que possible le « game » sur le terrain securitaro-militaire. Voilà donc peut être jusqu'où peuvent aller ceux qui ont l'expérience du changement de régime dans les pays, notamment dans ceux qui ont encore une relative fragilité organique, et Dieu seul sait si le Cameroun en fait partie.

L'actualité récente a mis en marche la présence au Cameroun des forces Extérieures habituellement opposées sur le plan idéologique. Des tentacules des puissances comme les USA, la Russie, la France, la Chine et même l'Allemagne se retrouvent incrustées au même endroit sous le motif d'aider le Cameroun côté sécurité. Cela augure clairement qu'il y a dans le chef de ces puissances-là une volonté à s'établir jusqu'au moins la période de transition. Car venus de si loin, les soldats, des matériels et autres déploiements ne repartiront pas bredouilles. Voilà une nouvelle grande variable que la prochaine transition aura à travailler. Dominera-t-elle cette pression ?

TEXTE 5

NE PAS OUBLIER LE PASSE

L'histoire nous sert aussi de source d'apprentissage pour éviter dans le présent et dans le futur de re-commettre les mêmes erreurs. En sommes-nous conscients ?

Il y a dans l'histoire du Cameroun des périodes-choc qui ont marqué au fer l'esprit des personnes, mais dont certaines couches homogènes ont porté plus que d'autres le prix. Commençons par les luttes d'indépendance. Vu que la gestion de ces luttes d'indépendance a un gros poids sur la question du tribalisme d'aujourd'hui, en tranchant cette question, peut être que ce poids qu'elle porte finira par s'alléger. La bonne marche vers l'avenir nécessite déjà comme on l'a dit plus haut de liquider le dossier de cette lutte. Il y a ensuite la période du coup d'Etat de 1984 qui a de façon sanglante et traumatisante marqué de graves tensions entre certaines élites du Cameroun et leurs clans. C'est aussi le cas des périodes dites d'« années de braise »[12]

_____

[12] *Période 1990-1992, avec en toile de fond des revendications*

où les soulèvements et revendications qui les portaient ont fait vibrer à chaud toutes les villes du Cameroun, tant dans la peur que par les bombardements. La liquidation de ce dossier mettra clairement chacun devant ses responsabilités. Il y a eu les soulèvements de 2008, nommés comme « émeutes de la faim », ayant consacré aux yeux du monde que malgré une stabilité de façade, une explosion populaire pouvait mettre moins d'une journée pour retourner toute une ville, voire tout un pays.

L'indépendance du Cameroun tenait lieu d'une Transition. Oui, ceci a un sens du moment où un vaste changement devait s'opérer au niveau du commandement légal du pays, de ses structures, de son organisation, et de son fonctionnement. « le blanc s'en va, quelle sera la suite du Kamerun ? ». Voilà en de simples termes comment pouvait se poser la question. N'oublions pas que le système qui prévaut à ce moment découle d'une habitude des gens à la gouvernance coloniale. Du coup, cela leur paraît nouveau de savoir que des cadres locaux prendront les reines. Ce changement génère en même temps une angoisse profonde chez les anti- colonialistes. Celle de savoir si le placenta colonial est vraiment rompu ou s'il s'agit simplement du « nous partons pour mieux rester » via l'installation au pouvoir des dirigeants locaux, mais au goût du blanc, qui ne jurent toujours que par la Métropole. Cette angoisse a débouché sur une grande lutte – ou a accentué celle qui existait déjà – et le pays s'est retrouvé

---

liées à plus de liberté, au multipartisme et souvent à la tenue d'une Conférence Nationale. Période connue pour les opérations dites de « ville morte ».

face à un mouvement indépendantiste d'un autre genre. L'administration « légale » se retrouva donc confrontée à une contestation Upéciste qui a planté – on peut le dire ainsi – le décor du véritable foyer de la division des Camerounais. Cet épisode nous apprend donc que la période transitoire peut être le lieu de l'éveil d'un mouvement, mais aussi la source de propagation d'un virus ancré sur le long terme.

Les évènements de 1984 – avec le coup d'Etat manqué – étaient la suite de la mouvance de transition d'un président démissionnaire à un président ambitieux qui apparemment n'avait pas respecté l'accord tacite (lié à la passation de pouvoir). Que disait cet accord tacite de transition ? Quel était donc cet arrangement non respecté entre le président et le président du parti ? Je n'en sais pas grand-chose. Mais ayant regardé le film mafieux « le parrain », je ne suis pas étonné de savoir que ce qui est dit ouvertement n'est qu'une partie de ce qui a été arrangé. Mais aussi, je ne suis pas étonné de savoir que la trahison donne lieu de manière implacable à la vengeance. Cela me semble très établi dans l'organisation de la mafia. Ces évènements ont porté avec eux des tensions de nature à diviser sous un nouveau marqueur les populations du Cameroun. Je ne doute même pas que des innocents aient payé à la place des coupables. Je ne doute même pas que la trajectoire des personnes visées par le coup d'Etat se soit réorientée après leur sortie victorieuse si l'on peut l'exprimer ainsi. A preuve, plusieurs membres influents du système en place après le push manqué ont qu'on le veuille ou non tiré une bonne partie de leur légitimité autour de cet épisode. Ils en ont en effet souvent été gratifiés. Et leur cheminement autour du Prince était plus animé par des clins d'œil de cette période que par la construction du pays qu'il y a à construire. Il se dit aussi que cette époque a constitué un traumatisme chez le nouveau président. Ce qui l'a pour toujours amené à se « cacher », car on se sait jamais. Le fait de se cacher implique donc un nouveau modèle de communication avec le Peuple et même avec ses collaborateurs. Celui-ci l'éloigne probablement de la réalité du vécu des gens dont il est responsable et multiplie – comme une courroie – le nombre d'intermédiaires. Puisque l'intermédiation transforme et déforme l'information, l'adéquation ou la cohérence entre ce qui est dit et ce qui existe perd ainsi en véracité. Voilà je crois par quelle alchimie une transition de 1982 a impliqué un style de management au sommet de l'Etat jusqu'en 2015. Lequel style a excellé par sa rigidité à changer (d'aucun y voient une stabilité pour le pays). Etait-ce pour le bien du pays ? On le souhaite.

Les « années de braise » tenaient lieu d'une transition dans une certaine mesure. Le vent de l'Ouest tourne, le multipartisme augure quelque chose sur les pays africains encore sous le joug du modèle de parti unique. Le Benin valide sa Conférence Nationale. Le Cameroun veut des avancées sur sa structure démocratique, et surtout possède encore en lui les héritages des transitions précédentes. Lorsque le Commandant Mboua Massok, père des « villes mortes », entonne la marche de son initiative, sûrement que lui même ne sait pas que de choses d'envergure prendraient corps dans les semaines qui suivraient. Car la montée du mouvement vers plusieurs corporations et sur la grande partie de l'étendue du territoire démontrait à elle seule que quelque chose était en train de se passer au Cameroun. Même si cela n'a pas abouti à 100% à une Conférence Nationale du style béninois, cet épisode via la Tripartite a tout de même validé un grand pas dans le processus de construction démocratique au Cameroun. La grande conséquence positive que nous pouvons en tirer est la libéralisation de la parole et le multipartisme principalement. Sur un ton moins flatteur, cette période a servi de leçon au Régime en place qui, à partir de là, a grandi en expérience dans la gestion d'un soulèvement populaire. Et on peut visiblement affirmer que c'est fort de cette expérience que ce Régime a marqué son territoire comme puissance dominatrice de tout ce qui se passe au Cameroun.

Les évènements de 2008 tenaient lieu d'une transition dans la mesure où un nouveau degré d'expérimentation des mouvements de rue et de soulèvement du Peuple fut mis au jour. Les révoltes de la faim prirent ainsi un certain nombre de pays parmi lesquels le Cameroun. Elles se positionnaient aussi à une période antérieure à une échéance présidentielle importante. A ce jour, nul ne peut dire objectivement combien de victimes les répressions ont occasionné. Mais, ce qui est sûr, c'est que pour une fois encore, cet épisode a secoué le pays dans le sens de sa tristesse.

Ce retour en arrière a simplement pour but d'attirer les acteurs sur les attitudes adoptées dans le passé, sur les conséquences qu'ont subies les perdants, généralement les nôtres. Sur cette base, il me semble intéressant pour le Cameroun d'éviter de se donner le luxe de replonger dans les basses besognes. Car, « l'avenir est bel et bien devant ». Et disons-nous bien qu'il ne s'annonce pas glorieux. Faisons gaffe !

PREPARER LA JEUNESSE A LA DECEPTION

Depuis 30 ans, les jeunes grandissent avec leur dirigeant, le même. Peut être aspirent-ils à autre chose, notamment du moment où leurs conditions de vie ne sont pas très envieuses ? Ces jeunes vont sur internet. Ces jeunes ont tous des tontons ou des cousins à l'étranger. Ces jeunes suivent Afrique Média, Canal+, Canal 2 international, Vox Africa, et… Ils savent bien qu'entre eux et leurs ainés, entre eux et leurs parents, existe un clair fossé. Oui, la « race » est nouvelle. Ils ont leurs codes, ils ont leur langage. Ils comprennent quand ils le veulent. Ils se révoltent quand ils le veulent. Ces jeunes ont un pouvoir : Ils sont jeunes et ils sont très nombreux. C'est les jeunes de mon pays.

Voilà sûrement le plus grand enjeu du Cameroun pour le siècle présent. Y aura-t-il du soleil pour cette Jeunesse après la transition ?

Plusieurs d'entre eux ont de l'énergie à revendre. Mais malheureusement, celle-ci se condense en eux ou ils la dilapident dans des choses avec peu d'intérêts. Lorsqu'on

45

dit qu'il y a du chômage associé à de l'emploi précaire, c'est bien de cette jeunesse-là dont on parle. Lorsqu'on dit qu'ils sont plus de 300 000 sur les motos taxi, c'est bien d'elle qu'on parle. Nul n'est besoin de leur faire miroiter ce qu'ils n'auront pas d'ici peu. Car les bases de production n'étant qu'à leurs prémisses, la répartition d'un quelconque gâteau n'est pas pour demain. Cette jeunesse-là devra encore patienter.

Lorsqu'un régime unique a détenu pendant très longtemps le pouvoir, il naît au sein des membres de ce régime des reflexes de pouvoir. J'avais un ami Peul dont la famille était proche du régime d'Ahidjo. Il me confiait en 2005 à Yaoundé qu'à son jeune âge alors résidant à Garoua, il y avait chez eux un esprit flottant de divin sur la tête du Président alors résidant à Yaoundé. Ils avaient fini par croire que leur commandement du pays depuis Garoua était éternel vu que le président (bien qu'à Yaoundé) leur était proche. C'est lorsque la roue a tourné et qu'il a eu la chance de découvrir Yaoundé pour la première fois (pour y étudier), qu'il s'est rendu compte que le Cameroun n'était pas réduit à ce qu'il pensait depuis son Garoua natal. Il me le confiait en toute sincérité. La préparation à la déception propose de dire par exemple à la jeune « élite Béti » qu'après la transition, il leur sera de plus en plus difficile d'entrer dans l'Administration Centrale[13]. Que le pouvoir politico

---

[13] *De nos jours, bon nombre de Camerounais estiment qu'être Béti est un avantage pour intégrer l'Administration Publique, au vu je l'imagine de sa forte représentativité au sein de l'appareil de décision de l'Etat.*

militaire leur échappera de plus en plus parce que la roue devra tourner. Lorsqu'on sèvre brutalement un enfant, sa croissance normale en prend un coup. De la même façon, pour éviter que la rancœur liée à un sevrage brutal n'affecte ces jeunes (qu'on a souvent considérés à tort comme ethniquement privilégiés), il me semble normal qu'ils se préparent à des scenarios moins réjouissants pour eux (parlant de l'administration). Il faut aussi préparer les « non Béti » qui sont en droit de croire qu'il y aurait un « rattrapage ethnique » de se démonter à l'avance. Car tomber dans cette idée ne ferait qu'engendrer et faire persévérer le cycle du rattrapage. Or, la transition qui arrive est une bonne occasion de mettre fin à de mauvaises pratiques.

La théorie des organisations nous donne une idée de ce qui attend une organisation longtemps portée par une structure rigide. Tout gros changement au niveau de sa direction va susciter des perturbations inévitables, jusqu'à ce qu'une nouvelle structure alternative la remplace. Or, à cause – ou grâce – au temps, la capsule dirigeante en service depuis des décennies sous le Régime sortant va rejoindre progressivement le cimetière. Lorsqu'on se penche sur leur âge, on peut dire qu'ils sont de la même génération. Donc fatalement, il y aura un plancher vide à un moment donné. Et c'est ce vide qui sera difficile à combler pas en nombre, mais bien en rigidité.

La transition dont on parle reflète une présence rigide et continue de 35 ans. C'est dire que la jeunesse en question n'a eu que ce pain à manger. Connaître le même visage comme dirigeant de son pays, grandir avec ce visage jusqu'à ses 35 ans est tout de même une sacrée expérience. Lors de la mutation de la roue, naturellement s'exprime ce qu'on n'a pas pu exprimer sous le règne ancien. Ceci est consubstantiel à tout changement né des régimes durablement installés.

Au vu des plus gros problèmes de cette Jeunesse, on peut croire qu'il y aura de vraies réponses. La réalité est qu'il n'y aura vraiment aucun changement majeur dans les possibilités de réponses. Premièrement parce que la légitimité pour apporter une quelconque réponse ne sera pas de mise – la transition cherchera sa stabilité -, et ensuite parce que cette transition est corrélée à des mouvements de capitaux. Si l'on considère qu'un jeune de 35 ans veut avoir un semblant de travail, veut gagner un semblant de salaire, veut avoir un minimum d'attention et surtout avoir un boulevard d'opportunités lui indiquant que demain sera meilleur, alors c'est le moment de préparer une déception cohérente. Pendant les transitions, les employeurs gèlent les recrutements. L'activité économique des pays concernés est plutôt au ralenti. Or s'il y a chômage en masse aujourd'hui, ce n'est pas dans 3 ans qu'il y aura 1 million d'emplois pour les jeunes auxquels vont encore s'ajouter d'ici 3 ans de nouveaux diplômés. Lors des transitions, des jeunes désœuvrés sont évidemment une cible plus que facile que les dirigeants ou aspirants essaient de manipuler.

Qui dit transition dit cherté de la vie. Pour un pays qui importe plus de 70% de ce qu'il mange principalement (riz, farine, huile, poisson, sucre), comment va-t-il faire pour inverser cette courbe en 3 ans ? Ah oui, la transition sera un véritable temps pendant lequel la question du panier de la ménagère se posera aussi. Comment réagira la jeunesse ? se rappellera-t-elle les émeutes de la faim de 2008 ?

Les temps de transition sont rarement des temps d'action, mais surtout des temps de préparation à l'action. Et ce n'est qu'après l'action qu'il est aisé d'apercevoir les fruits de l'action. Voilà donc deux étapes préliminaires qui montrent bien qu'il faudra être patient.

Les possibilités d'information, d'éducation ont fait que cette Jeunesse-là se diversifie. Elle observe bien ce qui se fait ou ce qui s'est fait ailleurs. Elle a vu ce qui s'est passé en Tunisie. Elle a vu ce qui s'est passé au Sénégal. Elle a vu ce qui s'est passé au Burkina Faso. Donc, ce ne sera pas une Jeunesse naïve, mais bien une Jeunesse jeune et consciente.

Sous un autre angle, même la stricte minorité de jeunes déjà à l'abri et enviée par leurs congénères risque fort d'être déçue. Car il suffit que les connections qui les ont placés autour de l'appareil de gouvernance subissent les bouleversements liés à la transition. Ces jeunes à l'abri aujourd'hui, se verront probablement pour beaucoup en difficultés demain. De la même façon, ceux qui penseront remplacer les premiers par le simple fait du « rattrapage » seront malheureusement aussi déçus, vu que les règles auront changé d'une part, mais aussi à cause de l'effectif pléthorique de ceux qui attendent.

Au final, la transition rencontrera ou abritera une jeunesse avide de « où est ma place enfin ? ». Question à laquelle cette même transition ne pourra pas donner de réponses précises, surtout dans l'immédiat. D'où un travail d'apaisement à faire pour au moins distraire les assoiffés le temps de leur annoncer, puis de mettre sur pieds des beaux projets qui les accueilleront.

L'avenir peut en effet être radieux pour les jeunes Camerounais, mais cela se ferait alors progressivement. Entre temps, même après la transition, il est souhaitable de conseiller à chaque jeune de se débrouiller seul comme il le fait déjà actuellement.

S'APPUYER SUR CE QUI NOUS REPRESENTE

Le colon s'était donné pour mission de « civiliser l'indigène ». Mais il est apparu que ce dernier était pourvu d'une chair, d'un os et surtout d'une âme plutôt compliqués à manier. Résultat des courses, il est mi civilisé, mi indigène. Mais au moins, il connait mieux d'où il vient et ignore tout de ce à quoi il était destiné. S'il est donc un angle porteur de sérénité, c'est bien celui de nos racines.

Nous traitons ici du comment nos organisations culturelles, traditionnelles, nos chefs de tribu peuvent être impliqués à juste titre dans le processus de transition. Globalement, si l'on considère le poids de ces personnalités dans la partie rurale traditionaliste du pays (Exemple : Grand Nord, Grand Ouest), on peut dire que ces autorités-là garantissent encore des fondements authentiques de ce que représente chaque ethnie constituante de l'ethnie globale Cameroun. A mon

> Confrontée à une invasion culturelle importée d'ailleurs, la société camerounaise se cherche son modèle. A chaque choix suivent des codes qui s'y prêtent sans sérénité, comment affronter l'avenir ?

observation, je ne vois aucune autre forme de regroupement relevant purement du Peuple. Le danger à ne pas commettre est de s'appuyer sur les Eglises et mouvances religieuses. Premièrement parce qu'elles n'ont pas de sources profondes au Cameroun, mais surtout parce qu'elles ne sont pas assez nombreuses pour se différencier facilement sans rivalité. Mais encore parce que malgré le travail d'appel que les églises ont fait au Cameroun, le Peuple dans la réalité en est plutôt rebelle, ou alors joue à l'hypocrisie. Ce sera aussi le cas pour la logique de calcul des forces politiques.

Malgré les pactes signés en interne ou à l'externe, il serait de bon ton de ramener tous les potentiels constructeurs, mais surtout les potentiels nuisibles à manger de force le gâteau de la transition pour que par après personne ne dise qu'il n'y était pas impliqué. Les démarcations au sein des partis politiques aujourd'hui me semblent par exemple assez réductrices de ce à quoi on est en droit de s'attendre. L'extrême serait par exemple d'amorcer carrément une trêve d'activités politiques et de foncer sur une coalition avec au centre la question : « toutes les forces sont-elles représentées ? » au lieu de « qui va-t-on mettre de côté ? ». Il est par exemple question d'orienter chaque force vers les thèmes sur lesquels elle prendrait un certain leadership. Par exemple, si vous posez la question au Camerounais moyen de qui peut prendre le leadership sur la problématique rurale et agricole, il n'aura pas de mal à vous orienter vers les défenseurs de cette cause[14]. De

---

[14] *Pour ma part, je créditerai une organisation comme la Voix du Paysan, ou l'ACDIC, ou même le personnage et l'entourage de*

même si vous leur demandez qui connaît le mieux un dossier comme celui de l'écologie, il vous indiquera vers qui aller.

Si le football représente valablement un « nous commun » parlant du Cameroun, pourquoi hésiter à s'appuyer dessus lorsqu'on recherche un exemple de groupe représentatif ? Lorsque l'équipe nationale par exemple a honoré les couleurs du drapeau, c'est tout le Peuple Camerounais qui s'est senti honoré. Ceci montre que malgré tout, il y a en cette équipe un minimum d'impact communautaire national. Le sport au Cameroun possède encore un minimum de sacré et de pureté. Pourquoi ne pas s'y reconnaître ? Sans être de la tribu de Roger Milla par exemple, je lui dois une suprême reconnaissance. Sans être de l'ethnie de Samuel Eto'o ou de Françoise Mbango, je m'efforcerai pour un jour avoir un échange avec eux, car ces sportifs de hauts niveaux ont partagé ce qui leur était propre à l'ensemble des Camerounais, c'est-à-dire leur amour, leurs efforts, leur transcendance, leurs émotions, leurs réussites, et c'est tout le peuple qui leur dit merci.

Si la musique a réussi à son niveau à proposer –comme le sport- une équation nationale, on peut reconnaître que l'apaisement de l'âme des révoltés qu'elle invoque a été et est une réalité dans notre pays, notamment lorsqu'elle est faite avec un minimum de sérieux. Ceux qui aujourd'hui écoutent les X-Maleya chanter (y compris en Bassa ou en

---

Bernard Njonga & CRAC, comme ayant compétence, expérience, bénédiction, donc légitimité pour prendre le leadership sur la question rurale au Cameroun.

Béti) se foutent pas mal de ce qu'ils évoquent via leurs textes. Par contre, le seul fait de savoir qu'un groupe de jeunes Camerounais sort du lot des musiques parfois de rue auxquelles certains pseudo artistes et autres « parvenus » ont habitué les oreilles du Peuple, sans même chercher d'où ils viennent, chaque Camerounais porte avec lui une petite part de succès, et de marketing de X-Maleya. Le constat est pareil si on se remémore les music d'antan. Les Têtes Brulées n'étaient ni un groupe Haoussa, ni un groupe Béti, on s'en foutait à la limite. Tous les Camerounais dansaient simplement à leur façon respective sur la musique de ce groupe légendaire mélodieux de « bitkusi ». Et cela se voyait sur toute l'étendue du territoire. C'est le cas des Zélé Le Bombardier, des Nkodo Sitoni, des Govinal et autres Ebogo Emerant qui avaient malgré eux fait aimer la musique des Bétis au Camerounais lambda. Lorsque Sam Fan Thomas lançait de façon si originale son Makassi ou que Tala André-Marie engageait son Ben skin, tous les Camerounais se retrouvaient en oubliant même que c'est la musique des « envahisseurs Gra-Fi ». Que dire enfin du Makossa. Le peuple Sawa qui l'invoque a simplement produit des légendes. Du Grand Manu à Petit Pays, des Decca à Charlotte Mbango, de Prince Eyango à Jeo Massoh, de Dina Bell à Penda Ndallé, on peut simplement dire ici que la bonne musique Camerounaise, ou bien la musique Camerounaise lorsqu'elle est bien travaillée représente à coup sûr un élément conjugué aux « nous Cameroun», et non plus « à mon ethnie ». Ces deux ensembles me semblent donc pertinents pour représenter des valeurs conjuguées au pluriel.

Le « nous Cameroun » réside aussi dans un rappel de l'histoire. Il est en effet important de bien situer par exemple les concitoyens sur le fait que les Anglophones du Cameroun actuel ont eu le choix en 1972 de se rallier au Nigeria, mais ont bien décidé de porter avec eux leur part du destin de ce qui deviendra la République Unie du Cameroun. Déjà par cet acte historique, il n'est même plus question d'évoquer une quelconque duperie ou surenchère, car il s'agit là d'un acte de sang, d'un acte de toujours, d'un acte définitif. Voilà le genre de rappel historique qu'il me semble bon de réciter à plusieurs reprises dans les oreilles des excités en période de transition. Ainsi, avec la coalition des néo cultures francophone et d'une culture anglophone à la culture traditionnelle – à laquelle les gens restent attachés -, on peut dire que ce plurilinguisme fait du Cameroun une spécificité fut-elle nouvelle. C'est aussi ça sa spécificité. Il est donc difficile de lui apposer une copie plate ramassée sur un autre pays ou tirée de l'expérience d'un autre Peuple, car « le Cameroun, c'est le Cameroun », avait si bien dit l'autre.

Le fait de n'avoir pas aussi tranché certaines questions de notre histoire nous caractérise bien. Il faut savoir que la question de nos luttes d'indépendance – ainsi que le problème UPC – est bien Camerounaise. Nous la traînerons toujours avec nous.

Le Cameroun s'estime parfois le reflet d'une Afrique tout en un, notamment dans le sens du Panafricanisme. En cela, il n'hésite pas à porter sur lui la lutte des autres. On l'a bien remarqué avec la question Ivoirienne ou Libyenne.

Peut-être que cette multi culturalité nous met elle en disposition pour prendre sur nous les problèmes des autres. Qui sait ?

Vivement que l'on se reconnaisse dans ce que nous sommes. Vivement que l'on s'y appuie si besoin il y a, pour résister, pour avancer.

RENFORCER LES POUVOIRS DE L'ARMEE

La Grande Muette jouera t-elle un rôle politique au vu du contexte difficile auquel fait face le Cameroun notamment sur le plan sécuritaire ?

Y a-t-il une autre force plus à même de contenir tout débordement ? La transition politique est une période sensible, notamment dans ce qu'il faut appeler « jeunes démocraties ». Déjà qu'en période normale, le Peuple n'a pas entièrement confiance en la Justice par exemple, en la Police par exemple, qu'en sera-t-il en période de trouble potentiel ?

J'envisage pour un temps la mise en avant de l'Armée pour un certain nombre de raisons. Premièrement, cela permettrait si tel n'est pas encore le cas d'éliminer toute susception de parti pris, de confiance et de reconnaissance de celle-ci avec la grande majorité des Camerounais, disons ici avec le Peuple.

Deuxièmement, cela mettrait du coup l'Armée dans une position contributive et active et non plus dans l'oubli et dans l'idée qu'on la solliciterait seulement en temps de guerre.

Troisièmement, cela libèrerait d'autres Corps, le temps pour ceux-ci de retrouver quelques lettres de noblesse[15]. Un nouveau Cameroun ne se dessinera sûrement pas avec une Justice plusieurs fois traînée dans la boue. Un nouveau Cameroun ne se construira pas avec une Police plusieurs fois humiliée par toute sorte d'affaires sordides.

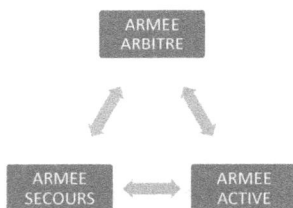

On a souvent l'habitude de dire qu'au Cameroun, les gens n'ont plus peur. Et bien, en propulsant la grande muette au devant de la scène, on prend le risque – mais un risque nécessaire et salutaire – de dire « qu'au Cameroun, les gens auront au moins désormais peur de l'Armée ».

Commençons donc par nous intéresser à cette force habituellement en retrait et qui a encore un respect de la part du Peuple et réciproquement. Depuis le coup d'Etat d'Août 1984, et depuis la Guerre pour la défense des

---

[15] *Dans le rapport 2015 de Transparency International, la Police du Cameroun est visée. C'est aussi le cas pour l'Administration Publique.*

intérêts du Cameroun à Bakassi, l'Armée n'a plus été sollicitée pour agir selon sa mission. Jusqu'à ces derniers temps, avec des troubles à l'Est et surtout à l'Extrême Nord du Cameroun où, l'on l'a ouvertement et médiatiquement vue se dévouer au prix ultime pour sauvegarder l'intégrité du Cameroun. Comme un seul homme, tous les camerounaises et camerounais se sont mobilisés derrière cette force en reconnaissance du sacrifice effectué. Cela prouve donc que lorsqu'il y a danger sur le pays, il y a une force qui est encore là pour agir. Le danger ici n'est pas une affaire de mœurs, de détournement de fonds ou encore de justice mal lotie, mais bien de danger de mort. Une force externe au Cameroun qui assassine de manière barbare des pauvres innocents a bel et bien trouvé devant elle nos forces de défense. A-t-on encore besoin de demander à cette force de prouver ou de justifier l'objectivité de sa mission ? Le travail à faire lui est tombé dessus, et elle a répondu présente, point à la ligne.

Or, ce que cette Armée défend, c'est un composite peut-être méconnu par elle puisqu'elle prétend ne pas se mêler de Politique, mais exécute les ordres de son Chef (celui-ci étant aussi Le Politicien en Chef). Sur le terrain de la conquête du pouvoir, c'est un composite malaxé, dressé, mais en ébullition tout de même. Au moment d'une alternance quelconque dans un contexte où toutes les parties seraient en ordre de bataille pour savoir qui en premier tiendrait le flambeau, il importe que notre Armée, de part sa position de neutralité puisse jouer un rôle d'arbitre en dernier ressort. On nous dira qu'il y a déjà une commission électorale qui serait en capacité de jouer ce rôle d'arbitre. Mais si l'on sort du contexte de la légalité pour intégrer celui de la légitimité, on se rend bien compte qu'en dépit du « désintérêt » que les camerounais portent à l'activisme au moins primaire politique, pas grand nombre ne donne véritablement de la valeur à la structure électorale dite « indépendante ». Les acteurs politiques eux-mêmes n'y croient pas (du moins dans sa formule actuelle), mais n'ont pas de véritable alternative vu que tout – disons le Judiciaire- est bloqué. Face donc à une incertitude sur l'impartialité et la légitimité d'ELECAM, il est important que l'Armée se positionne comme force qui rassurera tous les acteurs (ou au moins la majorité) et surtout le Peuple sur l'intégration du commandement de ces élections au niveau local, et surtout sur la transparence et l'impartialité qui doivent régir ces élections. Ces éléments sont importants du moment où c'est eux qui sont critiqués aujourd'hui et qui seront donc critiqués demain. Si l'Armée ne prend pas le leadership sur cette question, qui le fera ? Toutes les institutions auxquelles on aurait pu avoir eu recours en cas de mésentente ou de non confiance ont déjà montré leur quasi-inféodalité (chose que l'on peut comprendre).

Cette armée devra donc malheureusement jouer le rôle d'arbitre entre les différents protagonistes qui seront les joueurs que nous connaissons actuellement. Mais il y a de plus en plus de nouveaux joueurs qui seront positionnés à l'approche de cet évènement. Aussi, il y aura la société civile qui de toute façon ne croit plus en la politique telle que menée et qui revendiquera autre chose que le genre de « haricot qui purge » auquel elle a été habituée. Il y aura les pouvoirs religieux, notamment ceux représentant les croyances venues de l'extérieur qui auront à dicter et à faire pression pour impacter et être représentés dans le temps de la transition. Il y aura les injonctions des bailleurs de fonds, des lobbies financiers engagés au Cameroun, des grandes puissances qui poseront clairement le pré-requis pour pouvoir accepter un résultat à leurs goûts. Il y aura le Peuple qui mécontent, se dira encore une fois de plus qu'il a été trompé et entrera dans la rue pour manifester sa colère, seule arme en réalité dont il a objectivement la main sur l'initiative. Il y aura enfin l'équipe « sortante » qui est à coup sûr la mieux outillée pour rester, mais qui devra soit le justifier, soit subir les affres des forces nouvelles d'en face. Voilà donc un bon nombre d'acteurs qui adresseront à la transition des attentes légitimes. C'est à ce moment et sous cette tension que l'on se demande quelle force légitime nationale non imbriquée à la pyramide de domination, pourra s'élever pour assurer le rôle de fusible. Et bien, celle force ne peut être que l'Armée.

En deuxième citation de la présence de l'Armée dans le processus transitoire, nous évoquons ici l'Armée comme force d'action dans le processus de transition. L'action à laquelle nous faisons allusion ici est sa prise en charge d'une responsabilité opérationnelle de grande ampleur dans le processus transitoire. Elle sert parfois de base arrière aux activités civiles au cas où celles-ci seraient débordées. L'Armée sait construire et maintenir les constructions via le Génie Militaire. Or, nous sommes justement dans un pays en besoin ou en manque d'expertise. Voilà donc l'occasion d'impliquer l'Armée dans la dynamique de construction et de maintenance au Cameroun, notamment pour les projets dits stratégiques. Par exemple les grands chantiers liés à l'Energie au sein d'un pays sont stratégiques. Il est donc normal que ce genre d'ouvrage soit surveillé par l'Armée pendant la transition. Or, il me paraît trop risqué de donner ces gros chantiers-là à des entreprises venant des pays qui justement nous paraissent toujours comme colonisant. On aurait à ce moment-là une Armée qui produit et sauvegarde nos bijoux de famille et non une Armée consommatrice.

Enfin, une armée au secours des autres corps, le temps d'une toilette me semble salutaire pour le Cameroun. Elle peut par exemple abriter des gros dossiers liés à la Justice. Pourquoi ? Et bien, parce que la gravité dans ces gros dossiers est parfois tellement sévère qu'on est en position d'identifier les actes posés à des crimes. J'aurais souhaité que le Tribunal Criminel Spécial soit sous le chapeau de l'Armée, c'est-à-dire spécialement de la justice militaire. En mettant tout ensemble, de manière globale, je finis par proposer que la transition soit aussi le lieu d'organiser la lutte contre la corruption au Cameroun. Beaucoup estimeront que cette dynamique a déjà été enclenchée, mais pourquoi ne donne –t- elle donc pas confiance ? Parce que ceux qui l'ont mise sur pieds sont dans la tête du Peuple considérés aussi comme faisant partie du problème. On revient là encore à la notion d'impartialité, de transparence véritable. Ainsi, sur une période définie et en accord avec différentes forces, l'Armée pourrait ainsi jouer un certain rôle le temps que les autres forces se restructurent pour apparaître par après prêtes pour un vrai décollage.

INSTAURER UNE RELIGION D'ETAT

Le Cameroun n'échappe pas à la perturbation sociale née de l'industrie de la Religion. Si bien que les actes posés par les citoyens rappellent l'envoûtement. Quel risque pour l'Etat laïc et souverain ?

Il me paraît important de profiter de la transition pour fixer la grande charte religieuse du Cameroun. Pour qu'il n'y ait pas de malentendus, faisons rapidement la distinction entre la Religion, la Foi, l'Eglise et la Spiritualité. Ceci a pour but de fuir les amalgames liés aux discussions relatives aux croyances et convictions profondes des gens. Il s'agit ici simplement de regarder froidement ce qui nous est arrivé en tant qu'Africains lorsqu'on a accueilli de gré ou de force les pensées venues d'ailleurs. Voici ce qu'en disent de manière brève les références en définition:

Religion : Ensemble déterminé des croyances et de dogmes définissant le rapport de l'homme avec le sacré (Cf. le Larousse).

Eglise : Du grec « ekklêsia » qui veut dire assemblée. Ensemble des personnes professant les mêmes doctrines ou visant le même but. C'est une secte. C'est un clan (Cf. le Larousse).

Foi : Adhésion totale de l'homme à un idéal qui le dépasse, à une croyance religieuse (Cf. le Larousse).

Spiritualité : Ce qui concerne la doctrine ou la vie centrée sur Dieu et les choses spirituelles (Cf. le Larousse).

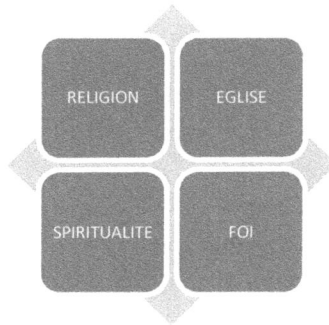

Isoler ainsi chacun de ces termes permet, on doit le reconnaître, d'échapper au piège du mélange de genre et ouvre un temps soit peu le champ à de l'analyse au sens où chacun de ces aspects peut s'apprécier dans notre évocation aujourd'hui de la religion d'Etat.

Si l'on évoque le premier terme qui est la Religion, la relation du Camerounais avec le sacré peut se lire au moyen des actes cultuels que chacun pose au cours de son existence, que ce soit à titre individuel ou à titre familial, voire communautaire. Peut-on dire que l'intrusion par exemple de deux religions dites révélées (monothéistes) à savoir le Christianisme et l'Islam au Cameroun a perturbé les rapports d'avec le sacré, je crois qu'en général non. Les nouveaux curseurs sont entrés en ligne de mire au détriment (parfois par répression ou interdiction) du culte des ancêtres. Mais cela participe toujours du rapport des hommes face au sacré, donc de la Religion. Ce fut le cas avant, c'est le cas aujourd'hui. Maintenant, les actes ou les dogmes qui vont avec ont varié, les uns en remplacement des autres. Ou alors la superposition (cela est très courant de voir des Camerounais évoquer leur appartenance pour une religion révélée, mais avouer aussi mélanger les actes avec ceux des ancêtres) des actes religieux ne fait que confirmer l'ancrage d'un rapport dogmatique avec le Divin. Il s'agit au moins d'un constat. Donc, oui il y a au Cameroun presque partout de la Religion.

Cela nous emmène vers le second élément qui est l'Eglise au sens d'une assemblée, au sens d'une communauté, mais aussi au sens d'une institution. Le fait est que ces assemblées des personnes aspirant aux mêmes dogmes constituent une force en soi. Aussi, cela fait naître une autre force qui elle, peut en fonction de son importance bousculer la nature de l'Etat. A titre d'exemple, les groupuscules qui se créent de jour en jour sur nos rues, notamment dans la partie Sud du Cameroun, peuvent clairement constituer des forces qui perturbent la nature d'un Etat ou bien le sens dans lequel un Etat veut aller. Imaginons un seul instant qu'un Etat se retrouve en situation de se défendre contre une force extérieure par le biais de la bataille armée et que tel soit malgré tout son dernier recours. Si dans l'Etat, il y a une ou des Assemblées peuplées et ayant insufflé à ses adeptes une directive d' « opposition à la lutte armée », alors là va naître pour l'Etat en question une problématique de motivation et d'implication au niveau des troupes affectées au front, ce qui risque d'ouvrir ainsi le champ à la mort de l'Etat ou tout au moins à sa capitulation sans même avoir combattu. Voilà comment sur un cas extrême, l'Institution peut sur base de la force qu'elle possède bouger le devenir de l'Etat. Or, nous invoquons dans le même cas extrême plutôt l'inverse, c'est-à-dire que lorsqu'il s'agirait de l'Etat, même l'Institution religieuse devrait simplement suivre les rangs. Ceci étant, on lit bien que la question n'est nullement de savoir si oui ou non, il faut des assemblées, des communautés religieuses au Cameroun, mais bien quel risque l'Etat court il du moment où ces assemblées existent ? Pour le cas du Cameroun, j'observe simplement que certains terrains ont été désertés au profit des assemblées religieuses. C'est l'exemple des soins de santé. Un homme normalement constitué essaie de se soigner lorsqu'il est malade. Comment fait-on lorsque « se soigner » doit être tiré entre « prier » ou « se rendre à l'hôpital ». Il serait prétentieux d'y apporter de manière définitive une réponse. Ce qui est au moins sûr, c'est de constater que l'Etat peut programmer la réussite des soins de santé via un hôpital, avec à la clé des hommes et femmes guéris pour continuer de porter l'Etat. Mais, je vois mal comment il serait possible de structurer les soins de santé de sa population au moyen des prières. Certains diront qu'il s'agit là des cas marginaux. Mais, tout individu regardant le Cameroun n'est pas étranger aux campagnes de délivrance et de guérison massives dans les églises dites réveillées. Dès cet instant, il nous semble normal d'établir le mapping de toutes ces dimensions de risques dans les domaines sensibles de la vie d'un Etat. C'est quoi le sens de contagion des maladies dans le milieu des Eglises réveillées ? C'est quoi le sens de l'Education de la jeune fille dans les milieux de l'Islam notamment dans le Grand Nord du pays ? C'est quoi le sens du « Kady » dans les affaires de sorcellerie lors de rituels de vérité dans les milieux cultuels des ancêtres ? C'est quoi le sens du célibat, du divorce, du référencement à Rome dans le milieu de l'Eglise catholique ou des missions protestantes au Cameroun ? Toutes ces petites réflexions ont un sens lorsque l'Etat veut se projeter vers un avenir ambitieux dont il prétend maîtriser la progression ! Donc, sur la question de l'Eglise ou du rôle ou de l'impact de l'Institution, je crois qu'il y a un véritable travail à faire au Cameroun dans le but de bien instituer que la première institution dans tout, c'est d'abord l'Etat et que les autres lui font une sorte d'allégeance. Tel est le sens du côté laïc de notre Etat. Tel est le sens du côté républicain de la Nation.

Pour ce qui relève de la Foi, celle-ci est bien sûr liée aux vocables précédents du moment où il y a croyance « aux choses religieuses ». Cette croyance va même au-delà de la capacité humaine et franchit ainsi le pallier de la transcendance. C'est le niveau du cube qui me semble le plus délicat dans la mesure où la Foi semble échapper à celui ou à celle sur qui elle s'abat ou qui l'invoque. Du coup, elle peut envisager des possibilités ou des droits que la société (donc l'Etat) n'a pas encore envisagés. Par exemple, si l'on valide que c'est la foi d'un kamikaze dans la hauteur de son degré d'élévation qui le guide à se faire exploser avec d'autres (coupables ou innocents), on peut aussi dire que l'Etat n'a pas encore envisagé ce type d'acte comme possible expression de la colère du citoyen par exemple. Et même s'il l'avait envisagé, cela suppose aussi qu'il en structure tous les aspects jusqu'aux dédommagements par exemple des victimes. S'il est à mon sens difficile de savoir si quelqu'un a la Foi ou pas, il est par contre intéressant d'identifier l'orientation religieuse qui la guide pour s'en assurer d'un minimum de cohérence, car un Etat risque fort d'avoir du mal à définir la Foi des personnes qui le composent. Nous sommes probablement en plein dedans au vu de la fréquence des explosions de kamikazes à l'Extrême Nord du Cameroun.

Enfin, le sujet de la spiritualité évoque les choses pour lesquelles Dieu serait au centre. Dire que Dieu est au centre veut quand même dire que nous parlons là des actes qui se posent à l'image de Dieu. Or, qui dit Dieu dit aussi opposition à Satan (avec tout ce qui va avec). Au regard du quotidien des faits ou actes posés dans tous les domaines de la vie du Cameroun de nos jours, peut-on dire que nous soyons une nation à forte ou à faible spiritualité ? Nos mœurs tendent-elles vers l'élévation ? Ce qui sort de nos bouches tend-il vers l'élévation ? J'observe pour ma part que c'est l'élément du cube qui échappe le plus aux gens lorsqu'ils prétendraient même être d'une

Eglise, ou militer pour une Religion, ou avoir de la Foi. L'intégration de ces trois éléments se vérifie à mon avis dans la spiritualité, c'est-à-dire tout simplement dans le fait de mettre LE BIEN ou le POSITIF dans son rapport avec la société. Et ça, c'est soit vrai, soit faux en fonction des cas. Moi, je ne dirai pas qu'il est pour acquis au Cameroun que la majorité des gens en position d'agir agissent dans ce sens-là. Pas que je puis le prouver, mais au moins, le résultat des actions est suffisant pour dire qu'on pense souvent être à Sodome et Gomorrhe plutôt qu'à un endroit angélique. Observons les faits divers qui défraient la chronique, écoutons le contenu de nos musiques actuellement célèbres et les plus médiatisées. Observons les comportements dans les hôpitaux, les cours de Justice, les commissariats, les marchés, etc.… J'ai plutôt l'impression que le niveau de notre spiritualité est très bas.

Après avoir évoqué superficiellement chacun de ces points du cube religieux, il faut bien que nous continuions dans notre tentative d'expliquer la nécessité d'une cohérence de haut niveau, d'une religion d'Etat qui nous conviendrait nous, Camerounais en priorité, dans ces moments troubles.

Dans la priorité d'attachement, il est cohérent de savoir quelle en est la hiérarchie. Non pas du fait de la croyance forte ou de la foi personnelle – on s'en fout -, mais bien du rapport de force y compris dans la discipline religieuse. Il se trouve qu'une entité nationale de surcroit religieusement hétérogène est de fait exposée à des vacillements inhérents au degré d'importation des croyances et convictions religieuses venues d'ailleurs.

Le Cameroun, puisqu'il s'agit de lui est la plateforme de plusieurs courants de pensées. Tous y coexistent avec le courant de spiritualité local ou ancestral. De manière plus ou moins dosée, il s'y vit un mixage religieux qui a de toute façon fini par publiquement s'exprimer.

Cependant, ce phénomène a par son ampleur attiré beaucoup d'énergie dans sa mission. Il a ainsi diminué les capacités patriotiques pour le bonheur des capacités sectaires. Lorsque les cordes de ces sectes ont leurs niveaux stratégiques à l'intérieur du pays, c'est encore un problème tolérable. Mais lorsque les instructions viennent des instances externes au pays, il y a de fait un outrepassement des éléments de souveraineté. Qui peut donc la main sur le cœur affirmer du contenu des canaux de directives venant de là-bas, pour s'appliquer ici ? Qui peut garantir que de manière consciente ou non, les intérêts de l'Etat du Cameroun sont des plus sauvegardés ou pas ?

Au regard de ce qui se passe dans d'autres nations desquelles nous tirons souvent nos exemples, il est un constat. Les pays avertis se construisent leurs religions d'Etat. Celle-ci prend des formes plus ou moins variées, mais se dessinent et se matérialisent assez rapidement. Que pensent réellement celles ou ceux à qui on attribue ces croyances ? Les concernés eux-mêmes s'en foutent. Car il ne s'agit plus là des questions internes de convictions personnelles, mais bien de construire un mur de plus pouvant garantir la cohésion et la souveraineté de la Nation qui nous abrite.

Je puis à ce titre évoquer une publication de Jean-Paul Pougala lorsqu'il traite justement du cas Russe[16]. Il fait dans un premier temps le distinguo entre ce qui se trouve réellement dans les cœurs des citoyens (qu'on peut appeler leur Foi) et ce à quoi ces mêmes citoyens doivent faire référence de manière consciente (qu'on peut appeler leur Religion). Il indique dans sa note qu'un très fort pourcentage des Russes est Orthodoxe. Telle est leur Religion. Mais qu'en réalité, d'après les enquêtes Russes, les gens s'en foutent un peu et gardent leurs croyances de conviction pour eux et rarement pour la Religion Orthodoxe. Mais ils s'affichent toujours comme tel si la question leur était posée. Ils ont en effet compris quelle était la nécessité pour la cohésion de l'Etat de s'afficher comme tel.

On évoquerait le cas de la Grande Bretagne avec la Religion Anglicane, le cas de l'Allemagne avec le Protestantisme, le cas Chinois avec le Bouddhisme, le cas d'Israël avec le Judaïsme, etc. Laisser au libre arbitre politique cette question revient à s'engager à supporter les dérives que cela amène notamment dans le sens de

---

[16] *Jean-Paul Pougala est un Economiste, Entrepreneur, Géo stratège qui a opté pour un angle radical et peu commun dans son idée de faire sortir l'Afrique de l'obscurantisme. Il est leader d'une dynamique de Réinventer les Industriels Africains (REVINDAF) via laquelle il propose des formations partout dans le monde où il y a des communautés africaines potentiellement capables de s'intéresser à l'Afrique. Dans sa publication du 12/07/2013, leçon de géostratégie n°50, il traite le cas de l'espionnage religieux.*

l'affaiblissement actuel et futur de l'Etat, c'est-à-dire de la Nation.

Lorsqu'on se promène au Cameroun, notamment dans sa partie grand sud, on est assez surpris par la florescence des églises dites réveillées. Ce qui surprend encore davantage, c'est leur degré de développement, leurs campagnes de mobilisation, leur force d'invasion. Deux ingrédients sont primordiaux à cela : l'Argent, et l'Homme.

Pour remplir ces nouveaux temples, il faut des individus prêts à s'engager. S'il a été si facile de trouver des masses pour remplir les nouvelles bâtisses, cela signifie qu'un besoin se trouve satisfait eu égard à l'offre spirituelle mise à disposition. Peut-on dire que les camerounais y ont trouvé un médicament contre leur traumatisme ? C'est en tout cas ce qui me semble être la meilleure des explications.

Aussi faut-il quand même financer le développement de ces projets sectaires ? Dans un pays dit pauvre, il faut tout de même savoir d'où provient l'argent. Nos regards se sont à plusieurs reprises tournés vers les puissances étrangères. Sûrement ont-elles identifié qu'il y avait là une opportunité à retourner les âmes, ou alors une opportunité à s'informer ou alors une opportunité à distraire les populations ? Tout compte fait, l'Eglise est un lieu de confidence, un lieu de partage, un lieu d'exposition, un lieu d'ouverture. Que de la bonne semence pour tous les services de renseignements locaux et étrangers.

On s'est souvent étonné des tournures dramatiques liées à la compréhension, à l'interprétation, à la diffusion, et à l'exposition des positionnements extrémistes dans les pays pourtant dits à majorité musulmane. On en a l'exemple à côté de nous, au Nigeria. On a encore le souvenir du cas de l'Egypte. On a appris des tendances en Tunisie. Pourquoi au sein des espaces apparemment déjà homogènes, se trouvaient encore des crises d'homogénéité religieuses comme si la valeur religieuse n'avait de sens que dans le renouvellement perpétuel, même au prix des nombreuses vies humaines ? On croyait qu'au Cameroun, ce sont les sectes évangéliques qui inquiétaient le plus. Mais, les problèmes à l'Extrême Nord ont bien montré que l'extrémisme musulman avait déjà ses repères dans notre pays.

Que faire face à ces dossiers lorsque le contexte se veut volontariste pour la construction ? Il est tout aussi important comme ce fut le cas dans les pays dits développés de se positionner sur cette question dans le seul but de limiter les dégâts et d'anticiper les éventuelles surprises. L'Etat devrait premièrement traiter de l'urgence qui est celle de mettre fin à toutes ces boutiques mal famées que sont les églises réveillées. Car elles endorment plutôt l'esprit de plusieurs citoyens déjà désespérés par une réalité socioéconomique éprouvante. A moins de nous dire que l'Etat en est complice, mais dans quel but ? Quelle parade utiliser pour stopper ce cancer tout en évitant d'égratigner les fameux droits de l'homme ? Voilà un exercice auquel devra se prêter un Etat en situation de transition. Cela pourrait se faire par la reprise en main de la situation financière de ces boutiques de l'esprit (les subventions par exemple). En contrepartie, l'Etat se prévaudra d'intervenir dans le sens des prêches et autres pratiques qui iraient à l'encontre des valeurs qu'il porte. Les actes de financement extérieur devront aussi prendre fin. Car comme on dit, « tu travailles pour qui te paie ». Du moment où le financier est externe à l'Etat souverain, il faudra bien justifier la nature du travail qui est effectué au profit de celui qui finance.

Ce positionnement pourra prendre le sens d'une Charte à laquelle devront s'incliner toutes les composantes institutionnelles en matière de Religion. Le but serait ainsi de faire une sorte de toilette dans ce paysage un peu désordonné, mais qui produit surtout des images trop humiliantes pour y rester à l'écart.

Une institution religieuse qui opère sur un territoire est sensée être en cohérence avec l'Etat au sein duquel elle se déploie. Mais du moment où les objectifs demeurent flous pour ce qui est de l'Institution religieuse en question, il devient tout à fait nécessaire de fixer le cadre de l'un dans l'autre, du membre de la famille dans la famille, de la branche dans l'arbre.

Les états-majors des institutions religieuses ont sûrement un mapping et une ligne de conduite précise des postures à avoir en situation de crise. Pour la continuité prioritaire de l'Etat, vivement que celui-ci se rassure de pouvoir contenir tous les risques de débordement religieux. Notamment en ces périodes de transition à venir, notamment en ces périodes d'insécurité.

INVOQUER LA DIASPORA

La Diaspora du Cameroun est plurielle, dotée de talents et de ressources multiples. Peut-on s'offrir le luxe de subir un coût d'opportunité en l'oubliant ?

En contexte de transition, la Diaspora peut être porteuse d'une ode salutaire pour le pays à plus d'un titre : Premièrement dans l'idée d'orientation en information ou en désinformation ; deuxièmement pour ce qui peut être considéré comme élément d'alerte ; troisièmement pour ce qui est tenu pour « troisième voix ».

Lors des alternances, les mouvances diverses, pour le même fait, commentent suivant leurs lignes éditoriales et leurs objectifs cachés ou révélés. Quelqu'un de célèbre disait d'ailleurs que « les faits sont sacrés, mais le commentaire est libre ». En suivant différents reportages pour un fait qui s'est déroulé en Lybie par exemple, le téléspectateur (habitué à plusieurs sources télévisuelles) ne savait plus vraiment où était la vérité. Les médias alternatifs présents sur internet principalement ne donnaient pas la même lecture des faits qui se déroulaient par exemple en Crimeé en Ukraine (lors des affrontements de 2014 contre les soldats russes). Du coup, le naïf observateur en quête d'information se demande s'il est fatalement au même moment désinformé. L'idée ici n'est pas de savoir où se trouve la vérité – je n'en ai pas compétence -, mais bien d'indiquer que celle-ci existe en fonction de qui nous informe et surtout en fonction de l'intérêt qu'il y a à informer suivant la ligne X ou Y. Sur les événements qui se passent en Syrie depuis mars 2011, j'ai été étonné que des Syriens en France ne s'accordent pas sur le commentaire que les medias français donnaient du déroulement des événements. Et on est en droit de se demander donc s'il y a toujours dans ces cas-là une ligne dictée qu'il faut suivre et sur laquelle tout le monde se doit de s'aligner. Où intervient donc la Diaspora dans cette situation ? Elle est bien placée pour rectifier le tir dans l'information. Elle est bien placée pour restituer à l'opinion internationale – au moins où elle se trouve – le contexte politique de transition dans le sens de l'intérêt du pays natal, vu qu'elle aura eu l'opportunité de voir de là où elle est le traitement fait des faits du pays natal, qu'elle est sensée mieux connaître.

Les transitions donnent souvent lieu à des opérations tristes via des abus, ou encore des règlements de compte, des massacres cachés, etc....la distance dans ces cas-là est un petit atout – un atout quand même – que possède la Diaspora du moment où elle ne craindrait pas en général que les dérives des camps qui s'opposent là-bas l'atteignent facilement, où elle est. Cependant, cela lui adresse l'opportunité d'attirer l'attention d'une Communauté Internationale sur le sort des gens sur place. On a vu la mobilisation de la Diaspora Tunisienne en France lorsqu'il fallait mettre la lumière sur ce qui était finalement considéré comme les abus d'un régime sortant. On a vu les efforts de la Diaspora de RDC lorsqu'il fallait pointer du doigt le sort des femmes du Kivu victimes d'atrocités peintes sous l'égide d'une arme alternative de guerre. S'il y a par exemple des crimes ou des gros abus, la Diaspora est un bon porteur d'alerte mondiale, poussant ainsi le monde à savoir qu'il se passe ailleurs quelque chose d'horrible.

Une troisième voix est indispensable lorsqu'il s'avère compliqué de concilier les affronts de deux camps. Cette voix alternative apporte le zeste de l'innovation, de l'espoir, de la réconciliation. En période trouble – la transition en est une -, la diaspora peut bien jouer ce rôle. Pourquoi ? Et bien parce qu'elle a l'avantage du détachement et d'un recul positif d'avec ce qui se déroule au pays natal. C'est comme un « arbitre » ou un « coach » sur un stade de foot qui est mieux indiqué pour relever à un joueur qu'il doit revoir son positionnement par rapport à la structure globale du jeu sur le terrain. Cette vue à distance permet ainsi à la Diaspora de porter une lecture neutre – mais patriotique – d'une situation mettant au prise des forces sur le terrain local.

Pour le cas spécifique du Cameroun, il se trouve que sa Diaspora est plurielle et répond bien aux trois attributs (celle qui informe, qui alerte, qui est 3ème voix) que nous avons mentionnés ci-haut. Il existe au sein d'elle une bonne part de têtes bien faites possédant des outils cognitifs nécessaires à une lecture pertinente d'une situation socio-économico-culturo-politique. Ceci leur vient assurément des longues études qu'ils ont l'habitude de faire, mais aussi d'une expérience de terrain comme c'est le cas de la longue liste des compétences camerounaises qui sont allées voir ailleurs (USA, Canada, France, Angleterre, Suisse, etc..).

Lorsqu'on prend l'exposition culturelle du Cameroun par exemple, on peut constater que les noms qu'on invoque comme réussite culturelle ont un ancrage au moins partiel avec un pays autre que le Cameroun. Du coup, pour briller comme artiste, il y a de fortes chances que la trajectoire des musiciens passe par la France. C'est un fait. Ainsi, lorsqu'il faudra penser la transition artistique du Cameroun au Cameroun, pourrait-on faire semblant d'oublier qu'une bonne ressource se trouve en France ?

Le rayonnement footballistique du Cameroun sur la scène internationale est bien corrélé aux prestations des athlètes camerounais évoluant pour la plupart hors du triangle national. S'il fallait traiter de la transition footballistique en s'appuyant sur ceux qui comptent, la cohérence imposerait d'aller chercher ces compétences footballistiques Camerounaises là où elles se trouvent, c'est –à-dire dans la Diaspora Sportive Camerounaise.

De brillants intellectuels Camerounais, des écrivains, des entrepreneurs, des cadres dans les organisations qui impactent, des enseignants, se retrouvent aussi dans cette diaspora de l'élite désignée ainsi juste par distinction à une diaspora qui n'agit pas encore, car soit n'est pas prête soit n'est pas en capacité d'agir. Au moment de la transition, si une Diaspora est sollicitée, ce ne sera évidemment pas celle qui ne peut rien apporter[17]. Il nous semble donc important d'attirer l'attention de cette diaspora sur un éventuel rôle qu'elle jouerait si à jamais son expertise se faisait attendre. A priori, le socle local et national sera bien entendu le foyer des décisions. Cette tâche n'est en effet pas facile dans le sens où elle porte une dose de délicatesse : Demander par exemple de se taire quand on voudrait parler ou de parler lorsqu'on n'a pas grand-chose à dire.

Ce pont est à mon avis porteur de l'innovation dans plusieurs domaines. Les discussions menées en période de transition seraient aussi bénéfiques si elles ouvraient une brèche volontariste pour qu'enfin, les expertises et atouts multiples que regorge la Diaspora soient mis au service de la Nation.

A la table de la transition, la Diaspora peut apporter un très grand coup de main et faciliter ainsi au pays le marquage des pas de géants. Vivement que les acteurs de transition en tiennent compte.

---

[17] *Comme partout ailleurs, il existe au sein de la diaspora camerounaise un segment amorphe, qui ne peut rien apporter au Cameroun. Ou au pire qui dénigre le 237 pour des raisons sûrement fondées.*

LE COURAGE D'INNOVER

Les problèmes auxquels les peuples sont confrontés devraient trouver solution grâce aux recettes innovantes qui en réalité, sont inépuisables. Qui nous interdit de balayer les recettes ayant conduit à l'échec ?

Innover politiquement signifie avant tout faire état de conscience sur son environnement et canaliser cette conscience vers l'atteinte des objectifs en s'appuyant sur ses capacités. Le contexte politique dont il est question est, à peu de choses-près, connu. Il porte sur des enjeux géostratégiques mettant aux prises ce qu'on peut appeler les grandes puissances d'une part, qui s'identifient très souvent aux leaders de la « Communauté Internationale » et les pays dits émergents d'autre part. Il porte sur « le droit de préemption » des richesses du sol et du sous-sol. Il porte sur les grands marchés publics, nés des choix structurants. Il concerne les portées culturelles et religieuses. Cet environnement fait état des exigences internes ainsi que des pressions extérieures. Comment la période transitoire se dessinera-t-elle dans ce contexte avec au sortir un seul objectif capital : Que cela augure des lendemains rassurants pour le véritable décollage du Cameroun ? Une transition qui passera à côté de ce challenge sera une transition ratée. Comment innover donc ? Et bien, c'est très simple. Il suffit de se cacher, se faire confiance, se surpasser et s'accepter comme éléments utiles mais pas indispensables pour la suite. Ainsi, d'elle-même la bonne recette émergera.

Se cacher dans ce sens où la période délicate est un dossier sensible. De peur d'être entièrement lu et vu par ce que l'on peut qualifier d'adversaires du Cameroun au Cameroun, il importe de bien définir son degré d'exposition. On a vu des transitions des pays africains se monter dans des pays voisins. Un ami m'a clairement demandé si un seul pays africain pouvait construire sa politique globale en faisant l'économie d'une influence étrangère. On se demande donc jusqu'où pousser la ligne de cette souveraineté ? Comment fait-on pour organiser une transition discrètement ? A chaque pays d'Afrique de trouver sa route fort de ce contexte.

Se faire confiance entre Camerounais en période de transition alors même qu'en période « normale », la méfiance est le leitmotiv. Le fait que plusieurs forces divergentes ayant même des ramifications hors du pays veulent prendre le pouvoir ne facilite pas du tout la possibilité de se faire confiance. Il ne s'agit pas ici de redéfinir la notion de chasse au commandement, mais plutôt que les forces en présence mettent leur confiance en un système transitoire qui aura un but, une organisation, des règles et des ressources sur quoi s'appuyer. Et c'est cette capacité à monter une mission commune en laquelle des forces divergentes peuvent avoir confiance qui est le véritable enjeu, mais c'est aussi ce qui nous a souvent manqué. Souvenons-nous il y a quelques années (octobre 2004), lorsque les partis politiques dits d'opposition avaient tenté d'aller aux élections avec un candidat unique. Ils ont utilisé 20% de leur énergie pour construire leur projet sur 80% de la période électorale. Mais alors qu'il ne restait que 20% de temps pour l'élection, ils ont réussi l'exploit de livrer leur 80% d'énergie restant pour détruire eux-mêmes leur projet. Résultat des courses, chaque parti est allé en solitaire aux élections et a récolté des scores évidemment aussi lamentables que ridicules. Si la confiance disparait, voilà un peu le genre de gâchis auquel une transition peut s'exposer.

Se surpasser dans un environnement où on n'a pas encore pris conscience de sa véritable place. Voilà un challenge difficile. Comment avaler un règlement de compte vieux de 10 ou 20 ans quand la transition nous donne enfin l'opportunité de nous affirmer dans le ton et la manière qui nous vont ? Cela fait-il appel aux ressources intrinsèques des belligérants, à la notion de pardon, à la notion d'humanisme ? Ceux qui ont lu Machiavel ne se retrouveront pas, vu que la recherche absolue du pouvoir, le jeu des forces en présence dans un esprit brut, subtil, malicieux ne sont pas ici en cohérence avec ces écrits. En réalité, je pose ici plutôt des éléments d'une paix de brave pour les disciples du Prince. Car si une paix de brave n'est pas faite, la transition risque d'être le restaurant où seront mangés tous les potentiels dirigeants camerounais qui se croiront plus malins que leurs maîtres. Se surpasser signifie aussi laisser ses exigences pour adopter celles beaucoup plus pertinentes si l'on a compris l'intérêt général, les larmes aux yeux.

Des pistes d'innover existent de manière infinie. C'est en fait cette inépuisabilité des possibilités d'innovations qui en font son charme. Supposons par exemple que le socle de la transition soit porté par une organisation qui existe bel et bien. On pourrait ainsi penser à l'organisation des chefs traditionnels du Cameroun. J'y vois déjà une sorte d'originalité, ce qui mettrait déjà en déroute des scénarios qui ne sont pas dans l'intérêt du Cameroun. La réalité, c'est que cette organisation a effectivement une très grande légitimité dans le Peuple. Avec ce que ces organisations traditionnelles ont de sacré – elles en ont encore -, il serait difficile que les belligérants s'amusent à piétiner des autorités qui de facto sont au dessus d'eux.

Une piste d'innovation peut résider vers la mise sur orbite de la minorité anglophone ou d'un pygmée pourquoi pas au sommet de l'Etat. Une piste d'innovation serait de laisser aux universitaires camerounais d'autorité publique – il en existe encore – l'opportunité de conduire le projet transitoire. Ils en ont la capacité intellectuelle. Ils en ont les compétences. Ils n'attendent que ça.

Une autre idée serait d'innover en acceptant par exemple le sacrifice d'une génération et en injectant du sang neuf pur jus dans le « game ». Ce serait ainsi l'occasion d'envoyer les moins de 30 ans dans la danse en leur donnant l'ultimatum de sortir du conclave de la transition avec les pistes d'un projet de société pour le Cameroun. Qui nous l'interdit ?

La transition pourrait aussi être un tremplin, ou alors un bon alibi pour enfin discuter sans complexe des formules de gouvernance que l'on voudrait donner par après au Cameroun.

Après ces idées jetées sur le processus transitoire dans l'esprit d'une innovation, on peut bien se demander comment on fait du moment où chacun la prépare sûrement dans sa petite cuisine – on l'espère et le souhaite –, pour passer ce message aux concernés. Eh bien, là encore c'est assez simple. Chacun se débrouillera pour en être conscient.

Lorsque les foules se sont levées au Burkina Faso, l'on a aperçu avec une certaine insistance la présence d'une autorité traditionnelle respectée, le Mogho Naba, roi des Mossis. Après que certains militaires aient perturbé la transition avec le général Dienderé à sa tête, j'ai encore été surpris que ceux-ci aient couru pour légitimer leurs actions chez ce même Roi. Quelques jours plus tard, leur mouvement fut dissout et l'ordre de la transition fut rétabli. Peut-on savoir quel poids possède cette autorité dans la validation d'une grande action politique au Burkina Faso ? Était-ce une innovation en soi ?

Pour concrétiser un projet innovant de transition politique, il faut, soit des hommes d'exception, soit au moins un langage d'exception. Mais ce langage peut-il sortir de la bouche de ceux sur qui on a justement collé un verbe mensonger ? Où va-t-on les trouver, ces hommes d'exception ? En existe-il encore ? Pourront-ils se montrer disponibles ?

Il existe un génie camerounais. Il existe donc une idée géniale pour sortir le pays de l'ombre. Cela a été déjà démontré de part notre histoire. Le sport, la littérature, l'art, les affaires sont autant des secteurs où les camerounais ont pu impacter lorsqu'ils n'étaient pas attendus. Eh bien, la transition est une de ces périodes où les gens ont l'occasion d'épater le monde via leur génie. La volonté d'épater le monde, de montrer qu'il y a malgré toute peur une intelligence à la camerounaise ferait naître un nouvel état d'esprit au Cameroun notamment pour le dossier de la transition politique.

Epater le monde demande tout d'abord une forte volonté et un leadership sérieux sur ce rêve. Il est véritablement ici question de réussir à porter le Peuple vers un rêve que chacun porterait à sa manière. Ce sera le petit bout de rêve que chacun pourra garder et forger en même temps. Il s'agira de fixer un cap lisible et enthousiasmant vers où le Peuple accepterait d'aller.

Aborder cette question dans la période de transition détournerait objectivement les regards vers le projet à venir et la pression réelle de ladite transition sera du coup moins difficile à porter et à traiter.

TRANSITION ET PROCHAINES ELECTIONS

Parfois, les élections qui suivent une période transitoire chaude constituent un véritable piège à destruction populaire. Pensera-t-on à comprendre pourquoi pour anticiper à notre avantage ?

En sphère francophone, lorsque le Mali d'Amadou Toumani Touré (ATT) est tombé – ou retombé -, il y a quelques années[18], j'ai mis une croix sur mon espoir de voir une suite apaisée aux élections qui suivent une période de transition. Ce pays pourtant présenté comme modèle est reparti dans une problématique insoupçonnable. Une chose est sûre, c'est que le pays est aujourd'hui exactement sous tutelle comme le fut le Cameroun à la fin de la première guerre mondiale. Et ce n'est qu'après cet épisode triste pour moi que j'ai établi la corrélation entre ce machin « d'élections démocratiques » et la transition qui la précède. Tout réside

---

[18] *ATT est renversé en Mars 2012 lors d'un push conduit par Amadou Sanogo.*

en réalité dans la profondeur et la solidité du travail qui est fait pendant ladite transition, car le plus grand concept dans cette situation est l'instabilité, la fragilité qu'elle apporte de facto. Donc, si le job n'est pas bien fait, l'instabilité pointera toujours son nez et le gouvernement qui en ressortira sera toujours sur un sable mouvant. J'ai du mal à croire qu'ATT soit désormais aux oubliettes. Oh mon empire Mali !

L'exemple de la Côte d'Ivoire n'est pas rassurant. Ce pays depuis la disparition du Vieux (Houphouët Boigny) n'a que connu vacillations sur vacillations. Tout cela parce que leur transition est évidemment transpercée par de nombreux enjeux qui sont objectivement non Ivoiro-centrés, c'est–à–dire dont la direction des principaux intérêts finaux ont une destination autre qu'Abidjan. Cette ratée a donné du fil à retordre à l'application de tout accord de transition. En ce, y compris jusqu'aux élections de 2010.

Le parcours de la transition ivoirienne me semble piégé. Les protagonistes s'accordent sur des choses dont les appuis ne leurs appartiennent pas. Ensuite, ils sont accusés de ne pas respecter les accords alors que malgré toute éventuelle bonne volonté, les propriétaires des outils pour justement respecter ces accords ont deplacé ceux-ci vers des planètes huilées au chantage. Et en insistant sur les délais à respecter, on se retrouve avec un sacré « transition revolving », c'est dire qu'à un cycle succède juste un autre. Et on ne sait plus où le cycle prend fin. Oh ma chère Côte d'Ivoire !

Lorsque l'Officier Capitaine (Dadis Camara) bien aimé par la rue avait vu ce qui se tramait lors de l'avant transition en Guinée, il avait vite fait de prendre les devants faussant ainsi la route à toutes les prévisions que les analystes – même les plus sérieux – avaient formulées après la disparition du rugueux Général Lansana Conté (mort en Décembre 2008). Le Capitaine aimé commençait ainsi à sentir la limite entre la négation de l'avant Guinée et le commencement de la nouvelle Guinée. Toute sorte de pressions se déposa sur ses fragiles et inexpérimentées épaules. Enfin, il fut poussé à la faute[19]. Et le voilà à jamais coincé malgré toute la sympathie que le Peuple lui avait accordée. Ce n'était assurément pas encore le moment pour le peuple de décider. Depuis lors, la Guinée a passé sa transition, il y a même eu des élections, mais à l'observation de ce qui se passe dans ce beau pays, peut-on dire que la transition a jamais réussi à unifier ses citoyens ?

Depuis combien de temps peut-on vraiment comptabiliser la valse institutionnelle que traverse la République Centrafricaine (RCA) ? A l'heure où j'écris ce texte, le pays est justement dans une période transitoire. En réalité, il est dans cette période depuis le départ de l'Empereur[20]. Je

---

[19] *Episode grave des massacres de Septembre 2009, notamment au stade de Conakry lors d'une manifestation de l'opposition. Les « Bérets Rouges », un corps de la sécurité, furent principalement indexés comme responsables de cette brutale répression (au moins 170 morts) contre les participants à ce meeting. L'enquête suit toujours son court à la Cour Pénale Internationale.*

[20] *Jean-Bedel Bokassa accède au pouvoir en décembre 1965 en renversant le premier président d'Indépendance, son cousin*

crois en réalité que tout est fait pour qu'il n'y ait jamais de stabilité dans ce pays. Comme les affaires échappent clairement au Peuple, la tête de ce riche Etat reste simplement la merci d'une élite malheureusement trop fragile et qui ne peut, vraiment jamais, compter sur elle-même, mais toujours sur des organisations ou puissances qui se servent à grosses louches, validant quand bon leur semble un push par ci, et sifflant sous les mêmes humeurs des débuts ou fins de récréations.

Pour en finir avec la diatribe qui secoua la République Démocratique du Congo depuis le départ du Maréchal Mobutu et l'assassinat de Kabila père, on en était arrivé à la mise sur pied d'un accord de gouvernement transitoire (Accord Inclusif de Pretoria en Décembre 2002) avec 4 vice-présidents issus des principales mouvances protagonistes. Après le temps qu'a duré la transition, il s'est tout de même passé de vrais couacs lors de l'élection qui s'en est suivie en juillet 2006. Aujourd'hui, un des vice-présidents (Jean-Pierre Bemba) est logé dans un

---

David Dacko. Ce dernier le renverse à son tour en septembre 1979 avec l'aide de la Métropole. Il est ensuite démis de ses fonctions en Septembre 1981 par son chef d'état major André Kolingba. Celui-ci accepte le verdict des urnes (arrivé 4ème aux élections de 1993). Ange Félix Patassé est alors élu président. Il est renversé en mars 2003 par le général François Bozizé. 10 dix après, soit en mars 2013, les rebelles de la Seleka portent à la tête de la RCA Michel Djotodia. Celui-ci, sous la pression des Etats Africains démissionne en janvier 2014 et s'exile au Benin. Des pourparlers et des élections mettent Catherine Samba-Panza à la tête d'un gouvernement transitoire qui en fin 2015 organise une élection présidentielle. Un vrai compte de fée.

appartement isolé situé entre Anvers et Rotterdam. On est à la deuxième élection suivant la période transitoire, mais personne ne peut garantir que la RDC carbure à la paix et à la stabilité[21]. Avec du recul, peut-on dire que toutes ces transitions successives ont été efficaces ?

Il semble que lorsqu'on s'y prend mal la première fois, après la chute d'un régime qui dure trop longtemps, on se retrouve généralement avec une élection troublée mettant ainsi en évidence le premier caractère de la transition, à savoir l'instabilité.

Le Cameroun n'échappera globalement pas à cet état de chose vu que le nécessaire est réuni pour le cocktail. Le pouvoir sortant aura effectivement duré (au moins 30 ans), d'où une structurelle stabilité. Cette dernière sera de facto remise en question – parce que c'est le changement -, les lorgneurs en externe sont évidemment présents et essaient comme ils ont l'expérience de tirer les ficelles. À la fin, la grande Communauté Internationale attendra des élections puisque c'est ce qu'elle a l'habitude d'attendre.

Il est donc acquis que la profondeur d'un travail transitoire peut être salutaire pour la réussite des élections qui suivront. Mais si tel n'est pas le cas, ce sera toujours à posteriori que l'on sera au rendez-vous du recommencement.

---

[21] *Après toutes les guerres que la RDC a abritées sur son sol, après tous les massacres y opérés, on s'attend à ce que le bruit des balles cesse de siffler dans ce vaste pays. Que non, car l'Est et le Kivu n'ont jamais cessé de pleurer.*

Comment donc échapper au piège qui existe entre ces deux passages ? Eh bien, il suffit de connaître les objectifs antagonistes de l'un pour pouvoir les neutraliser dans l'autre.

Par exemple, le but des élections en principe n'est pas d'avoir un gouvernement, mais plutôt un gouvernement légitime répondant aux critères démocratiques. Il est en fait possible pendant la transition de faciliter le boulot futur à l'avènement de cette tâche. L'établissement des règles qui vont présider l'élection se fait pendant la transition. L'environnement sécuritaire se garantit pendant une transition. L'intégrité du périmètre abritant les élections à venir se garantit pendant la transition. Dans ce cas, on ne va en réalité aux élections que pour de simples formalités d'enregistrement. Et ces élections ne sont que des continuités de transition ou des post-transitions car elles courent toujours le risque de faire ressortir la principale caractéristique, à savoir cette fameuse instabilité. Ceci est d'autant plus vrai que les régimes desquels naît la transition sont bien implantés.

L'intelligence, la conscience, la vaillance des protagonistes peuvent en effet faciliter ce travail et aboutir à un résultat plus ou moins sincère et représentatif de ce à quoi l'on s'attendrait de droit. Il est donc question d'agir avec beaucoup d'intelligibilité, de volontarisme, de sacrifice, et même de patriotisme pour ne pas faire des périodes de transition le lit des élections ratées qui en découleront.

Pour le cas du Cameroun, s'il fallait en arriver à aller aux élections, évidemment que les questions y relatives qui ne sont en réalité pas déjà réglées en ancrage, ne sauraient être validées comme l'étant. C'est le cas de la Commission Electorale Indépendante (Elecam) qui, pour ainsi dire, porte toujours l'imperfection de la logique de sa création – au moins selon l'avis de ce qu'on peut qualifier d'opposants au Régime-. C'est le cas du découpage même du périmètre en circonscriptions électorales. C'est le cas du financement des élections, de la distribution du temps d'antenne sur les médias publics. C'est enfin et surtout le cas du taux de participation. Si l'époque de la transition ne réussit pas à clairement clarifier ces questions-là, on prendra ainsi le risque que cette période soit en fait le terrain sur lequel se bâtiront nos futurs échecs.

S'ASSURER DES PRE-REQUIS

La délicatesse des périodes transitoires impose d'éviter les sujets qui fâchent. Il y a des variables que les acteurs bienveillants devraient gérer à l'avance pour ne pas regretter par après. Le feront-ils ?

Au moment des transitions politiques en Afrique francophone, on est en droit sur base d'expériences d'imaginer les pires scénarios, surtout lorsque les circonstances et le contexte s'y prêtent, notamment dans le sens de la sécurité et des aspirations élémentaires inabouties du Peuple. Malgré tous les efforts que fait le Cameroun et les discours d'assurance et d'apaisement, peut-on oublier que le pays est attaqué, jalousé, lorgné, investi, voire déjà hypothéqué ? Une vision prudente voudrait que la présence continue des éléments identifiés comme névralgiques pour les opérations en période de transition soit de mise pour faciliter le bon déroulement de cette période sensible.

L'absence d'électricité, déjà en temps de paix crée la frustration…

La transition est clairement un temps sensible qui peut déboucher malheureusement sur des troubles. Il est constaté que l'obscurité constitue un facteur aggravant dans la gestion d'une crise sur le terrain. A côté de l'assombrissement des murs, des rues et des nuits, vient s'ajouter la panique de la continuité de l'Etat. La vie d'un jour subitement n'est pas celle d'hier.

Que peut-on faire dans le noir ? L'obscurité induit une menace vers l'obscurantisme. On pille les biens d'autrui, on viole, on casse, on se cache, on dissimule, avec la complicité de l'obscurité. Ceux qui en sont les auteurs prennent grâce auprès de l'absence de lumière pour ne pas laisser de traces. L'obscurité invite ou oblige aussi les gens à rester cloîtrés chez eux, et constitue une grande contrainte pour leur déploiement. Pendant qu'ils sont chez eux, c'est peut-être à ce moment que les vraies choses se décident dehors sur leur devenir. L'obscurité au détriment de la lumière empêche la circulation de l'information, laquelle information est plus qu'importante dans la gestion de l'apaisement en pleine transition, voire en crise transitoire. Les citoyens ne captent pas les medias, ils ne vont pas sur internet, ils ne rechargent pas leur téléphone, du coup les flux d'information entrant et sortant sur le territoire s'amenuisent. De plus, les consommateurs de l'information n'y ont pas accès de la même façon. Cela est de nature à maintenir la panique au sein de la population.

La planche à billet.

Les citoyens « foirés » en pleine transition ou crise transitoire sont de véritables sujets à manipuler, de véritables bombes à retardement. Leur colère peut ainsi profiter de la nature de l'atmosphère pour s'exprimer avec des fins regrettables ; Choses qu'ils n'auraient pas forcement faites s'ils avaient été rassurés par le craquement de quelques billets dans leurs poches. Car en ces moments de doute, plus qu'en tout autre moment, l'argent rassure. Pour un pays qui en temps normal n'offre pas de véritable pouvoir d'achat à ses consommateurs, il n'est pas malvenu de profiter de la transition pour en offrir, même de manière artificielle. Dans ce sens, si la planche à billet peut jouer l'affaire – même sous inflation -, le risque qu'on veut mitiger à mon sens justifierait l'action. Pour faire simple, poches vides et période de transition ne font pas bon ménage.

Les biens de première nécessité.

En général, un pays qui mesure le risque de la transition prend des mesures pour ne pas en subir l'occurrence. S'il est moins difficile de calmer les 10% de la population qui constitue une classe proche de l'élite, il en est beaucoup plus lorsqu'il faudra caser 90% restant du Peuple qui revendiquera à manger, à boire, à se déplacer, à se soigner au moins de manière basique. Or, étant donné que la grande partie des biens alimentaires au Cameroun est importée, à part les gens qui vivent dans les zones rurales, les 8 à 9 millions d'habitants des milieux urbains risquent de subir l'exposition à la famine par le simple fait de la fuite de l'offre si rien n'est fait. Cette fuite de l'offre est souvent l'œuvre des spéculateurs qui jouent ou profitent de la peur à venir pour tirer profit de la montée des prix et surtout pour la créer de manière artificielle. D'autre part, le fait que la porte d'entrée de ces denrées soit connue, il suffit de bloquer le fonctionnement d'un port pour que la fourniture en riz, en blé, en poisson, en huile de cuisine soit simplement perturbée. Enfin, les productions paysannes qui alimentent le monde rural et dont l'excédent est envoyé dans les marchés urbains peuvent être aussi perturbées par l'insécurité, les vols et les spoliations par exemple. L'acheminement vers les villes peut souffrir des tracasseries et contrôles routiers abusifs et intempestifs par des agents zélés. En conclusion, le manque de biens de première nécessité peut constituer un bon détonateur (ou un en plus) qui ne fera pas de la transition un moment de sommeil pour tout le pays. Une pénurie en carburant, en médicaments, en gaz domestique va certainement augmenter la colère et le stress des ménages, ce qui n'est pas de bon augure pour une transition apaisée.

L'encadrement des motos taximen.

Voici une variable qu'il faudra travailler pendant la transition. Il n'existe plus aucune ville au Cameroun qui ne soit bondée de moto taxi. Il a été observé l'impact des motos taxi dans la stabilité d'une ville comme Douala. En effet, si l'on se remémore les « émeutes de la faim » de 2008, les troubles lors de l'affaire de Deido[22], le blocage du pont du Wouri lors de l'assassinat d'un conducteur de moto, la façon parfois téméraire et jusqu'au-boutiste dont ces courageux chauffeurs revendiquent ou expriment leur colère est généralement phénoménale. Ils commencent par des regroupements inopinés et instantanés qui font peur même à un bataillon armé. Ils maitrisent tous les recoins de la ville et grâce au petit gabarit de leurs engins, ils peuvent se faufiler partout en un laps de temps. Ils ont démontré leur capacité à attaquer même des postes de police pour réclamer un des leurs. En un mot, ils n'ont pas peur. Associé ce caractère à leur nombre (la seule ville de Douala en compterait près de 300 000[23] en 2015), on a là un fameux cocktail dont l'esprit, le sens et la direction

---

[22] *Le 30 Décembre 2011, le dénommé Eric Mony, fils du quartier Deido à Douala est mortellement agressé par des individus roulant sur moto taxi. Les jeunes en colère descendent dans la rue contre les conducteurs de moto. Seulement, cette bagarre tourne en mini guerre tribale car la plupart de ces « mototaximen » sont de l'ethnie Bamiléké. Les gros bras de cette ethnie se sentant attaqués engagent à leur tour une brutale réaction. Ces embrouilles vont aboutir à de graves destructions de biens et blessures de personnes. Jusqu'à ce jour, une « no moto zone » est d'application au centre de Deido.*

[23] *La Communauté Urbaine de Douala avait lancé une opération d'identification des motos taxi en Janvier 2012. Un mois plus tard, c'est avec grande déception qu'elle avouait n'avoir pas franchi le cap des 40 000 motos enregistrées. 4 ans après, diverses estimations évoquent plus de 300 000 motos en circulation à Douala.*

peuvent très rapidement faire évoluer un contexte sociopolitique. Préparer une transition sans préparer les motos taximen constitue à mon sens un grave acte de naïveté, voire de cécité.

Une production médiatique dédiée.

Peut-on encore rappeler quel rôle sensible peut jouer les mass medias dans l'orientation de la pensée des auditeurs ? Déjà qu'en temps de paix, plusieurs radios se font appeler « radio de mille collines ». Qu'en serait-il en des périodes beaucoup plus troublées ? Au Cameroun d'aujourd'hui, la configuration des journaux, des radios, des télévisions, des sites information en ligne sont l'objet des tentacules avec de grands pôles de décision. Et c'est bien ainsi, car on pourra simplifier en disant que divers mouvements de pensée ont chacun leurs instruments de médiatisation, et par ricochet leurs lignes éditoriales. La prochaine transition verrait ainsi de facto le comportement naturel de chacun de ces mass-médias vers le sens positif de la volonté du créateur et du financeur de chacun d'eux. Le résultat des courses est que la diversité de chacun maintient un équilibre de bon augure. Cet équilibre court un risque de remise en question, risque lié à l'enjeu de transition, et aux opportunités qui y sont liées. Le niveau de discernement des lecteurs, des auditeurs et des téléspectateurs n'est pas forcément de bonne facture. Du coup, un appel d'air à conséquence malheureuse peut vite se faire exécuter. L'affaire « Afrique Media » me semble être dans le paysage des médias télé au Cameroun un bon exemple d'électron « libre » à fort impact. Pour ce cas, personne ne peut objectivement isoler sa source de financement, la géographie de sa création, ses relais, sa ligne éditoriale, mais vu la notoriété récente dont elle a fait l'objet, on est en mesure d'imaginer quelle sera sa démarche pour la transition prochaine au Cameroun particulièrement.

Une Administration décomplexée.

Faire tomber le complexe de l'administrateur nait du simple constat qui se pose aujourd'hui pour le cas du Cameroun. La symbiose qui existe entre le parti politique au pouvoir et l'Administration publique est trop forte. C'est un véritable « je te tiens, tu me tiens ». Ce qui éloigne de facto de l'Administration publique par exemple les cadres qui ne seraient pas en cohésion ou en amitié avec le « parti des flammes » (parti au pouvoir) ou qui y seraient opposés. Ainsi, même ceux qui seraient neutres perdent en objectivité. De ce fait, il s'inscrit dans l'entendement populaire que l'Administration publique est aux ordres du parti. Il se trouve que l'alternance suppose une fin de cycle et peut augurer un nouveau cycle avec les mêmes prestataires. En cela, la règle du jeu est faussée du moment où un chantage administratif devient trop évident. Cette évidence peut porter préjudice à l'Administration d'une part, et au citoyen non membre du parti d'autre part. Ainsi, les conclusions ne sont pas toujours les plus agréables, notamment lorsque la roue tourne. Mais, on peut dire que « c'est de bonne guerre ».

Une mobilisation à l'intégration de tous.

Je ne comprenais pas pourquoi dans certains pays (Belgique, Autriche, Brésil), le vote est obligatoire. Sans trop forcer, je constate que cela a un grand avantage dans ce sens où personne ne peut dire qu'il n'a pas donné son avis, mais surtout, cela consacre la valeur de l'utilisation du vote comme outil d'expression démocratique. Si des gens s'accordent qu'il faut voter, à quoi cela sert il d'avoir un taux de participation de 30 % ? Cela veut dire qu'entre l'accord commun de l'emploi de l'outil et l'emploi effectif de cet outil, des gens ont décroché. Or c'est généralement ceux qui décrochent qui non seulement se plaignent, donc revendiquent, mais c'est surtout ceux sur qui il ne faut pas compter pour jouer le jeu du résultat du vote. La question ici est donc de savoir si le résultat d'un vote traduit non seulement la volonté réelle et profonde de ceux qui ont voté, mais aussi si ceux qui ont voté représentent bien ceux qui ont accepté le vote comme outil de démarcation. En extrapolant cet exemple, on met ici sur la table la problématique de l'implication des citoyens dans la gestion de leurs problèmes. Si les concernés ne s'impliquent pas eux-mêmes dans la gestion de leurs problèmes, fatalement il y a d'autres gens qui s'en occupent. Une transition apaisée qui donnera lieu à une suite plus honorable passe aussi par l'implication des concernés dans les étapes principales de cette transition.

LE PRIX DE LA LIBERTÉ

> Si la Liberté avait un
> prix, le Cameroun
> devrait-il encore le
> payer ?

Il me semble que l'opportunité est donnée aux camerounais de situer la transition qui arrive dans le cadre de l'acquisition véritable de leur liberté, même si cela devrait avoir un prix, (de toute façon, cela a toujours un prix). Beaucoup ont théorisé que la Liberté ne pouvait s'accorder, car intrinsèquement liée à une sorte d'indépendance. Or l'indépendance ne peut pas dépendre. Ils affirment donc que la Liberté s'arrache. Ceci peut se faire en douceur – dans le cadre des négociations- ou violemment –avec pour extremum la guerre-. Que l'on soit dans un cas comme dans un autre, une démarche de marquage de territoire, de choix volontariste, d'activisme est intégrée à la notion de Liberté.

Les peuples se sont de tout temps battus pour accéder à ce qu'ils considèrent comme la liberté. Parce qu'ils savent combien ils ont payé pour ce qu'ils considèrent comme un Acquis aujourd'hui, ils savent aussi combien il faut payer pour ne pas le perdre.

La notion de Liberté est intimement liée à celle de Droit. L'humanité reconnait ainsi quelques aspirations fondamentales qu'elle classe comme inviolables juste parce qu'on est humain. Une lecture d'un des plus importants résultats de la Révolution Française de 1789 fut la Déclaration des Droits de l'Homme, chose que toute l'humanité a glorifiée. Aujourd'hui, on peut ainsi juger un X pour ne pas avoir respecté les Droits de l'Homme.

Dans l'enseignement secondaire au Cameroun, le cours d'Education Civique portant sur la Liberté nous renseignait que « La Liberté de l'un s'arrête là où commence celle de l'autre ». Le traitement de cette jolie phrase peut déboucher sur un véritable traité de philosophie. Il faut donc déjà la présence d'au moins deux entités – notion de l'altérité -, ensuite il faut un timing et une délimitation.

Ramenant cette compréhension au contexte de la transition au Cameroun que l'on prétend traiter ici, on peut déjà noter qu'il y existe plusieurs altérités, une manière polie de dire plusieurs oppositions de pensées, mais les timings des uns ne sont pas forcément ceux des autres. Et qu'ensuite, la borne n'a pas la même implantation pour tous les protagonistes. A chaque fois qu'une entité sera isolée, vouloir apprécier sa relation avec sa liberté reviendra à trouver si elle estime sa borne déplacée et si son timing est bien synchronisé à cette estimation.

Plus concrètement, toujours au niveau interne, un groupe représentatif (comme un parti politique) qui se plaint de discrimination dans le non respect des lois encadrant le code des élections, mais qui se voit opposer des fins de non recevoir par une justice va-t-il considérer qu'il a droit à la Liberté ? La réponse peut être oui ou non, vu que son « alter ego » de qui il se plaint n'appréhende peut-être pas la limite au même diapason que le groupe plaignant.

Au niveau externe, une entité qui se qualifie de pays (à priori souverain) possède-t-elle une liberté lorsqu'elle se fait protéger de manière forcée par l'armée d'une autre entité souveraine avec l'argument qu'une partie du pays assiégé est en danger ? Un pays qui indique de manière directe et radicale à un autre pays quels choix celui-ci devrait adopter pour la conduite de son destin, faute de quoi il se verrait attaqué est-il dans une position de négation de Liberté ? Ou bien ce sont des éléments comme « pays souverains » qui n'ont in fine pas la même signification d'une civilisation à l'autre. Ce qui, du coup relativiserait toutes sortes de réponses données à notre interrogation ?

Le droit pour un pays d'avoir sa propre monnaie est-il consubstantiel à la notion de Liberté de l'entité pays ou bien là encore, c'est la notion de « pays » qu'il faut redéfinir ?

Une Nation a-t-elle le droit de choisir de vivre dans la forêt et de se promener torse nu, ou bien la découverte de ce fait par les gens d'une autre Nation donne droit –donc liberté – à cette dernière de civiliser la première ? En quelque sorte de lui imposer sa vision du « être » et partant, de ses mœurs ?

L'Initiative PPTE a été pour le Peuple Camerounais l'objet d'une très grande désillusion en ce sens que les salaires ont chuté, le chômage a grimpé, les prix sur le marché ont explosé. Cette période a marqué à chaud la vie des ménages, notamment dans cette déliquescence de leur pouvoir d'achat. L'Etat s'est ainsi trouvé d'une part affaibli et incapable de faire face à ses responsabilités fondamentales. En plus, il devait léguer sa souveraineté et son autorité en partie à une instance étrangère que sont les institutions de Bretton woods. « Le serpent s'attaquait ainsi à l'enfant sous le regard impuissant de la mère ». Sorti du Point d'Achèvement de cette initiative PPTE, ce n'est que de bon ton que le Cameroun ne commette pas les mêmes erreurs du passé et essaie de trouver des parades pour augmenter ses marges de manœuvre dans ses ambitions en tant qu'Etat.

Les dirigeants actuels savent mieux que quiconque de quoi il est question. C'était eux avant, pendant, et après PPTE. Heureusement d'ailleurs, car la tâche de l'encre n'a pas changé de couleur. Cette réflexion de sortie de l'humiliation pousse les dirigeants à opérer des choix qui étonnent sûrement leurs partenaires d'antan. Cela les pousse à ouvrir ou à frapper à des portes auxquelles elles n'avaient pas forcément envie ou pensé frapper il y a longtemps. Cela les pousse enfin à observer ce qui se passe chez le voisin. Voilà entre autres dans quel cadre le Cameroun réoriente sa politique extérieure sur plusieurs plans, notamment en diversifiant ses partenaires financiers et militaires stratégiques.

Ceci devrait aussi nous conduire à nous rappeler que l'histoire est quand même une continuité de faits passés. On nous a dit à l'école que l'esclavage des noirs avait duré 500 ans, (entre le 15è et le 19è siècle). Mais, dans les faits, y a-t-il eu totale abolition ?

Le vol et le dépouillement des colonies qui ont caractérisé l'époque coloniale sont aussi là pour nous rappeler que les hommes, dans leurs désirs de résoudre les problèmes qui sont les leurs et de saisir les opportunités qu'ils détectent sont prêts à évoquer tout prétexte pour arriver à leurs fins. Et à ce sujet, ne dit-on pas que « la fin justifie les moyens » ?

De nos jours encore, on observe avec regrets les actes posés contre les noirs aux Etats Unis, les actes posés contre les noirs dans les pays arabes et des actes posés contre les noirs dans les pays d'Europe. Cela signifie qu'en filigrane, le noir est partout l'objet de multiples humiliations. Cela signifie qu'il est encore à la recherche de sa place dans ce monde.

Il y a un constat presque immuable: Les nations qui s'imposent aujourd'hui ont à un moment donné de leur histoire fait le choix d'être libres, du moins elles ont décidé qu'il fallait bouger les lignes de leur liberté ? C'est en déplaçant ces lignes que de grosses bouffées d'air sont apparues en terme de Liberté en interne donnant ainsi le sentiment aux populations de posséder des droits, c'est-à-dire d'être libres de manière fondamentale, mais en plus d'être détentrices d'une marge de liberté qu'en général, elles n'ont même pas besoin d'en faire usage. Mais ne pas en faire usage ne signifie pas forcément qu'il s'agisse d'un « luxe ». Car l'homme s'apercevrait très vite de ce qu'elle lui manque une fois qu'il en est privé.

Plusieurs cas de figure rongent encore nos mémoires quant aux peuples qui ont montré la voix de ce précieux trésor brûlant qu'est la Liberté. Brûlant était-il, le trésor quand le décompte des dégâts en matériels et en vies humaines fût effectué. Qu'à cela ne tienne, par là fallait il passer.

FRANCE : Révolution Française 1789. La révolution française a abouti sur ce qu'ils appellent la REPUBLIQUE. On y voit ici simplement une relation directe entre le citoyen et l'Etat. Les corps intermédiaires, les communautés, les classes n'existent plus, chacun devenant égal face à l'Etat. Voilà la résolution synthétique qui ressort de la lutte et des troubles auxquelles la Grande France fait face. C'est certes un idéal, mais personne en France ne peut le remettre en question, au risque de se faire lyncher d'une manière ou d'une autre. Derrière celà, il y a un prix. La rue, la jeunesse de France, ceux qu'on a appelés les combattants de la Liberté l'ont payé.

AFRIQUE DU SUD : Chute de l'apartheid 1991. Pendant un moment, disons-nous bien que l'« African National Congress » (ANC) est taxé d'organisation terroriste[24] dans

---

[24] *Margaret Thatcher a décrit l'ANC en 1987 comme une organisation terroriste lorsqu'elle s'opposait aux vents des sanctions contre le régime de l'Apartheid. C'est bien en 2008 que Georges W. Bush signe le retrait de l'ANC et de Mandela de la liste noire Américaine.*

ce qu'on appelle les Grandes Démocraties. Les combattants et militants étaient en droit de se demander si leur combat était légitime ou pas. Accepter la continuité et la pérennité d'une sorte « d'esclavage light version » sur leur propre terre. Au bout de la lutte (peut-on vraiment quantifier ce qu'ils ont perdu), on porte toujours un regard admiratif sur eux. Mais, sans cette lutte en interne, les noirs seraient-ils aujourd'hui sur un petit siège du commandement en Afrique du Sud ? Eux seuls savent ce que cela leur a coûté d'être libres, du moins un peu libres.

ALGERIE : Guerre d'Algérie[25]. Voilà une belle problématique à l'intention des opinions validant ou pas le droit d'un peuple à se prendre en charge lui-même, à décider de ses propres affaires. La guerre d'Algérie consacrait à elle seule la volonté profonde de ce Peuple à aspirer au bonheur de quitter la sous-humanité pour accéder à l'humanité tout simplement. Au regard de sa durée – près de 8 ans -, de son ampleur devenue au fil du temps mondiale, de son coût humain, de ses traumatismes, il est intéressant de se remémorer qu'un seul petit mot guidait in fine les hostilités : L'autodétermination.

BURKINA FASO : Sankara, mort en Octobre 1987 revit aujourd'hui. Peut-on s'empêcher de sourire de joie au vu de la tenue exposée par le désormais grand Peuple du Faso ? Le simple fait de savoir que le Peuple est attentif à tout signal pouvant mettre à mal son choix me donne un

---

[25] *Le conflit opposa entre 1954 et 1962 le Pouvoir Français de l'époque aux Indépendantistes Algériens.*

goût d'espoir pour le reste des peuples d'Afrique. En être attentif d'une part, mais encore avoir le courage et la vaillance de défendre ce qui lui est cher. Ce peuple a vaincu la peur et a montré que même dans le doute, il pouvait par après se reprendre et se souvenir qu'il eut en son sein un homme dont le discours apparemment ne s'éteindra jamais. Oui, un regard porté sur une simple photo de Sankara aujourd'hui met tout le Peuple de bonne humeur. Le même regard porté sur la photo de son remplaçant donne un goût moins digeste. C'est dire que même l'Histoire du Monde, - bien qu'écrite par les vainqueurs, nous dira-t-on a un petit zeste de justice. Tant d'années après l'assassinat du guide voltaïque par une force que le Peuple a jurée de démystifier , l'un des pays les plus pauvres du monde (selon le FMI en 2015) a, par le renversement des remplaçants de Sankara, et ensuite par leur fermeté à la continuité de l'organe de transition (malgré le coup manqué des perturbateurs), versé aux visages des sceptiques, des découragés et des paresseux, un message très précis : La lutte pour un idéal noble n'a pas de prix. Le sacrifice ultime sera opéré du moment où l'on sait pourquoi on se bat. Même après des siècles, le Monde vous restaurera. Le Burkina Faso peut aujourd'hui valider le sens du sang qui a coulé. Pays des hommes intègres, leur nom parle pour eux.

Fort de ces exemples et de tant d'autres, on peut bien se faire une idée de ce à quoi aspirent les peuples. On peut aussi en profiter pour situer ce sentiment dans l'esprit du peuple du Cameroun et envisager en connaissance de cause notre Transition. Autrement et comme par habitude, c'est toujours les autres qui le feront pour nous, évidemment pas toujours à notre avantage, jamais pour notre Dignité.

Kamerun, je te souhaite de prendre entre tes mains ton destin !

PEACE MY DEAR PEOPLE!

Imprimé par Createspace

www.ingramcontent.com/pod-product-compliance
Lightning Source LLC
Chambersburg PA
CBHW032114280326
41933CB00009B/839